POUR UNE JUSTICE RÉPARATRICE

BIBLIOTHÈQUES DE DROIT

COLLECTION FONDÉE ET DIRIGÉE PAR JEAN-PAUL CÉRÉ

Cette collection a pour vocation d'assurer la diffusion d'ouvrages scientifiques sur des thèmes d'actualité ou sur des sujets peu explorés dans le domaine des sciences juridiques. Elle se destine notamment à la publication de travaux de jeunes chercheurs.

Dernières parutions :

M. GIACOPELLI et J.-P. CÉRÉ (dir.), *Le rôle de l'assesseur citoyen devant la commission de discipline en prison*, 2024.

G . DELI, *Juste vivre. Vers une théorie juridique éthique*, 2023.

E. GINDRE (dir.), *La dignité des personnes détenues dans les prisons des Outre-Mer*, 2023.

M. Dos Santos, *La gravité en droit international pénal. Une notion insaisissable et instrumentalisée*, 2023.

C. MÉNABÉ et J. LEONHARD (dir.), *Réinsérer les femmes et les mineurs face au soupçon de danger terroriste.*

P. KEUBOU, *La procédure pénale au Cameroun.*

C. MENABE et J. LEONHARD (dir.), *Femmes, mineurs et terrorisme.*

J. FALXA (dir.), *Coopération judiciaire internationale en matière pénale. France, Brésil, Suriname*

N. JOUENNE-PEYRAT, *L'encadrement pénal de la prostitution des mineurs.*

J-P. CERE, *Droit disciplinaire pénitentiaire, 2e édition*, 2020.

A. CHARRUAU, *L'avenir du juge unique.*

M. MANET, *Le devenir juridique de la dignité. Une étude de la Charte africaine des droits de l'homme et des peuples.*

M. GALIMMARD, *L'incrimination de la zoophilie.*

M. PELTIER-HENRY, *Le droit pénal à l'épreuve des neurosciences.*

T. TOUZEAU, *Recel et blanchiment. Nouvelles sources de cumul de qualifications.*

H. CAPPADORO, *Les sens de la peine.*

Nathalie Fournier de Crouy

POUR UNE JUSTICE RÉPARATRICE

Repenser la fonction de juger à l'aune de la médiation

L'Harmattan

De la même auteure

La faute lucrative, Economica, coll. Recherches juridiques, 2018.

5-7, rue de l'Ecole-Polytechnique, 75005 Paris

http://www.editions-harmattan.fr

ISBN : 978-2-336-51304-1
EAN : 9782336513041

À tous ceux qui ont une haute idée de la Justice

PRÉFACE

Les rapports de force font partie des relations humaines. Certains aiment dominer, d'autres aiment l'équilibre. Certains aiment gagner, d'autres aiment partager.

La coopération, la solidarité, le désintéressement et la redistribution ne sont pas des valeurs intuitives dans notre société compétitive.

Il est temps pourtant de voir s'affirmer cette vision du monde, de sorte qu'elle devienne le principe et non plus l'exception.

Et cela commence par les relations humaines de proximité, quel que soit le contexte : familial, voisinage, professionnel, institutionnel pour qu'*in fine*, ces valeurs s'imposent dans les rapports économiques.

Comment ? Par la maïeutique, la sagesse et la croyance indéfectible qu'il y a en chaque personne une beauté, une capacité d'altruisme, une empathie potentielle que le maïeuticien peut faire accoucher afin de transformer une stratégie de domination en une acceptation de coopérer, un conflit destructeur en une leçon de vie.

La maïeutique demande un savoir-faire et un savoir-être qui s'apprennent et se développent toute la vie durant ainsi qu'une foi indéfectible en la beauté humaine, la beauté du monde, terreau fertile de paix et d'énergie positive.

Cet écrit est le fruit d'une réflexion menée par une maître de conférences spécialisée en droit économique que je suis, et qui a eu besoin de trouver hors du droit, une connaissance de l'humain pour comprendre comment renverser l'excès d'individualisme en altruisme, comment convertir l'auteur d'une faute lucrative en l'auteur d'une action désintéressée et redistributive.

C'est en me formant à l'Ifomene pour devenir médiatrice que j'ai découvert des « clés » pour mobiliser chez tout être humain son potentiel empathique.

La tâche est ardue, mais pas impossible.

Il suffit de relier le cœur et la raison, de mobiliser l'intelligence rationnelle et l'intelligence émotionnelle de soi-même d'abord, de l'autre ensuite.

Cet ouvrage s'adresse aux juristes, apprentis juristes, acteurs et promoteurs de justice, et particulièrement à ceux qui « jugent » des actes non altruistes.

Puissent-ils y trouver une présentation claire, simple et convaincante des « techniques d'écoute et de langage » issues de travaux de grands chercheurs en psychologie comportementale qui leur permettent de voir au-delà des apparences et de faire accoucher le meilleur de chacun.

Nul doute que certains le font déjà.

N'est-ce pas là le chemin d'une autre justice, d'une belle Justice ?

REMERCIEMENTS

Je remercie en premier lieu tous les formateurs de l'Ifomene (Institut de formation à la médiation et à la négociation), pour la profondeur de leurs enseignements, l'humanisme et l'humanité qu'ils insufflent au-delà des techniques de négociation que seront amenés à pratiquer les futurs femmes et hommes de paix.

Je remercie mes relecteurs pour leurs critiques constructives, difficiles à recevoir parfois, mais qui m'ont permis d'aller le plus loin possible dans cet écrit et d'assumer la vision que j'y défends.

Je remercie les éditions L'Harmattan et le Professeur Céré d'avoir accepté de publier cet ouvrage au sein de la collection Bibliothèques de droit.

Enfin, je remercie mon mari Olivier pour tout ce qu'il est, l'amour que nous vivons, entourés de nos trois filles, lesquelles m'offrent la joie profonde d'être leur maman.

SOMMAIRE

INTRODUCTION

Connais-toi toi-même[1]

« La justice est un rapport de convenance qui se trouve réellement entre deux choses »,
Lettres persanes, Montesquieu[2]

« La justice est la charité du sage »,
Éthique et Droit, C. Perelman[3]

Le déploiement de la médiation et des modes amiables de règlement des différends impulsé par certains gardes des Sceaux[4] et soutenu par les acteurs

---

[1] Précepte inscrit sur le fronton du Temple de Delphes qui aurait inspiré la célèbre devise de Socrate.

[2] MONTESQUIEU, *Lettres persanes*, Lettre de Usbek à Rhedi.

[3] PERELMAN (C.), *Ethique et droit*, Editions de l'Université de Bruxelles, spé. p.116 : dans la première partie consacrée à l'étude de l'éthique, l'auteur recherche ce qu'est la justice et s'interroge notamment sur les liens entre la justice humaine et la justice de Dieu. Il confronte ainsi les sources sacrées et les sources des philosophes de la pensée occidentale sur le thème de la justice. Selon lui, « il ne suffit pas d'être charitable pour être juste » car la justice suppose aussi le respect de la règle de raison. Là où la personne charitable agit pour autrui en utilisant sa bonté, le sage agit avec justice à l'égard d'autrui en utilisant à la fois la Connaissance (de l'être humain et de la Loi) et la bonté. L'œuvre de Perelman est incontournable pour tout juriste et non juriste qui cherche le juste.

[4] Depuis la loi n° 95-125 du 8 février 1995 qui instaure la médiation judiciaire ; Loi n° 2016-1547 du 18 novembre 2016 ; art 22-1 de la loi n° 2019-222 du 23 mars 2019 de programmation 2018-2022 et de réforme pour la justice instaure une injonction de rencontrer un médiateur ; Loi n° 2021-1729 du 22 décembre 2021 pour la confiance

de la justice étatique en France nous amène à faire le constat suivant : la justice devient plurielle et se privatise.

Si les raisons de ce mouvement culturel favorable à la justice privée dans les affaires civiles et commerciales portant sur des droits disponibles sont bien connues[1], ce sont les raisons ontologiques qui nous intéressent.

Ainsi, ce constat nous invite à réinterroger la vocation, l'essence, la mission de la Justice.

Qu'est-ce que la justice ? Quelle est la mission de la justice humaine ?

Approche objective de la « justice ». La justice a toujours été définie de manière objective, conceptuelle, philosophique, anthropologique et économique. Les auteurs et les références bibliographiques sur la notion de justice sont innombrables. La justice est toujours présentée comme une valeur sociale haute[2], une vertu, un idéal vers lequel la vie en société doit tendre aussi bien dans les rapports entre les personnes [Emmanuel

---

dans l'institution judiciaire ; Décret n° 2023-686 du 29 juillet 2023 portant mesures favorisant le règlement amiable des litiges devant le tribunal judiciaire.

[1] une solution sur mesure choisie par les parties, la maitrise du temps, le respect de la confidentialité des échanges, la suspension des prescriptions.

[2] FONTAINE (Ph), *La justice*, Ed. Ellipses poche, 2018.

Kant][1], que dans le fonctionnement des institutions publiques et politiques [John Rawls]. Certains auteurs la décrivent et la théorisent en concepts savants et abstraits, d'autres l'expriment au moyen de maximes concrètes, fortes, universelles [Entretiens de Confucius].

La plupart des penseurs de la justice expliquent la double nécessité d'élire des valeurs sociales fédératrices et d'édicter des règles concrètes pour réaliser l'ordre juste. S'il persiste inévitablement des différences d'un ordre juridique à l'autre[2], toutes les idées de justice validées par le temps reposent sur les valeurs de paix, de dignité humaine, de liberté et d'égalité entre les humains ainsi que sur des principes concrets de ne pas nuire et de réparation du dommage causé à autrui. Et nul ne conteste que la marche vers la liberté et l'égalité en droit a amélioré la condition humaine et la vie en société, indépendamment du progrès technologique. Les mécanismes de régulation et de redistribution - s'ils demeurent (et demeureront) toujours perfectibles - réalisent et poursuivent ces idées de justice. Le socle de valeurs humanistes consacrées dans la Déclaration universelle des droits de l'homme (1948), la Convention européenne des droits de l'homme (1958)

---

[1] KANT (E.), *Critique de la raison pratique*, trad J. Gibelin, Paris 1944, p. 27 : « Agis de telle manière que la maxime de ta volonté puisse en même temps toujours valoir comme principe d'une législation universelle ».

[2] Notamment dans la hiérarchie des valeurs : en Asie le bien commun prévaut sur la liberté individuelle, tandis qu'en occident la liberté individuelle prévaut sur le bien commun.

et la Charte des droits fondamentaux de l'Union européenne, qui fédèrent aujourd'hui toutes les démocraties du monde et particulièrement celles de l'Europe et de l'Union européenne traduisent un idéal de justice élevé et peu contesté en son sein, dont la force est de s'adresser aussi bien aux personnes, qu'aux institutions. La plupart des institutions - pas seulement occidentales - tentent d'observer des principes de justice aussi fondamentaux que le droit à la dignité, l'égalité en droit, la liberté d'être qui n'a de cesse de se décliner (liberté d'expression, de mener la vie privée que l'on souhaite, de culte, de pensée…). Il n'y a qu'à se téléporter dans le temps et dans l'espace pour prendre conscience des avancées en termes de justice sociale que notre société vit pour s'en convaincre. Et pourtant, les revendications sociales pour plus de justice, d'égalité, ou de redistribution sont de plus en plus virulentes. Comme s'il existait un sentiment d'injustice insatiable, une émotion d'injustice intrinsèque à l'être humain.

Approche subjective de la justice : existe-t-il un sentiment d'injustice ?

Allons explorer cette approche subjective de la justice. Un premier constat s'impose, il y a peu de sources sur le « sentiment de justice ». On trouvera des écrits évoquant les passions du sentiment d'injustice et ses dérives (la vengeance) d'où la nécessité d'une approche formelle et rationnelle de la justice. Chaim Perelman a pu écrire que « La justice est ce qu'il y a de plus primitif dans l'âme humaine, de plus fondamental dans la société, de plus sacré parmi les notions et que les masses réclament aujourd'hui avec plus d'ardeur »[1]. Il y a assurément une dimension émotionnelle ou sentimentale qui traduit le « ressenti » de la justice ou de l'injustice. Mais les écrits portent davantage sur les concepts de justice qui nourrissent le sentiment de justice (comme l'égalité de traitement), et non pas le sentiment dans une approche introspective. Pourtant chacun(e) dans son existence a fait l'expérience de l'injustice, du sentiment d'injustice pour soi-même ou pour les autres. L'actualité géopolitique, climatique, sociale, économique offre de nombreuses raisons de ressentir ce sentiment d'injustice pour des communautés, des personnes, des peuples victimes d'abus de domination de toute forme, armé, économique, psychologique etc. Mais que se passe-t-il à l'intérieur de l'être humain lorsqu'il ressent l'injustice ?

Lise Bourbeau a théorisé l'idée d'une blessure d'injustice, comme l'une des cinq blessures universelles[2]. C'est une des rares sources qui existe sur le sujet et qui a le grand mérite d'explorer l'intériorité humaine du sentiment d'injustice à l'appui d'une démarche empirique et analytique. En effet l'ouvrage est le résultat de nombreuses années de pratique clinique, de confrontation de résultats avec des chercheurs d'autres disciplines, d'un travail de synthèse, menant à des conclusions objectivées et

---

[1] PERELMAN (C.), *op.cit.*, p. 28.
[2] BOURBEAU (L.), *Les cinq blessures qui empêchent d'être soi-même*, Pocket Éditions ETC, 2000, p.167.

d'autant plus intéressantes qu'elles sont dépourvues de toute certitude. Ainsi cette auteure définit l'injustice comme « le manque de justice » et définit la justice comme « l'appréciation, la reconnaissance et le respect des droits et du mérite de chacun »[1]. Selon son analyse la blessure d'injustice se manifesterait lorsqu'une personne « ne se sent pas appréciée à sa juste valeur, qui ne se sent pas respectée ou qui ne croit pas recevoir ce qu'elle mérite ». Ne pas recevoir ce qu'on mérite, ne pas se sentir respecté dans son intégrité d'être humain : n'est-ce pas une définition intéressante du sentiment d'injustice ?

Expérimentation du sentiment d'injustice

Pour embrasser une large représentation de ce sentiment, nous avons sondé l'expérience de l'injustice auprès d'un groupe de vingt étudiants âgés de 18 à 20 ans. La question était la suivante : « Quand avez-vous ressenti le sentiment d'injustice et quel en état la cause ? » tout en précisant que ce ressenti pouvait concerner une autre personne qu'eux-mêmes[2].

Voici quelques situations citées par les étudiants lors de cet exercice : avoir été témoin d'un acte de violence gratuit subi par un innocent lors d'un match de foot ; avoir raté le permis à un point sans explication avec un soupçon de sexisme ; avoir obtenu un résultat ou une appréciation d'un enseignant ne

---

[1] *Ibid.*

[2] Les deux autres questions étaient : quelle a été votre réaction ? et quel concept de justice était sous-jacent à ce sentiment.

correspondant pas aux efforts fournis ; avoir vu un proche exclu d'un processus de recrutement pour des motifs discriminatoires (soupçonnés) ; ne pas avoir accès aux repas universitaires à 1euro faute d'éligibilité à la bourse ; vivre la détresse de proches, victimes de violence perpétrée par un groupe d'individus ou par des autorités publiques dans un pays dans lequel on a des attaches familiales ; être témoin de la faim dans le monde et des violences commises sur les femmes et les enfants [...].

Il est intéressant de constater que le sentiment d'injustice peut être vécu pour soi-même ou pour autrui, par empathie, et qu'il génère un spectre émotionnel allant de la tristesse à la colère en passant par la compassion. On devine aisément les « concepts » de justice sous-jacents à ces diverses situations ayant provoqué le sentiment d'injustice : rupture d'égalité, manquement à la liberté, non-respect de l'intégrité physique d'autrui, etc. Le dénominateur commun de ce sentiment est assez proche de ce que suggère Lise Bourbeau « ne pas se sentir apprécié à sa juste valeur » ou nier la valeur ou la dignité humaine de quelqu'un, lorsque l'on ressent l'injustice par empathie.

On notera aussi que ce sentiment d'injustice n'est pas partagé de manière homogène : certains vivront la « situation d'injustice » avec beaucoup d'intensité et mettront plus de temps à l'accepter et le dépasser, tandis que d'autres la vivront moins intensément et la traverseront avec plus de résilience. Cette expérience faite en cours a révélé que les situations d'injustice sont variées et vécues avec une intensité propre à chacun.

La dernière question de cet exercice portait sur la réaction : « comment avez-vous réagi ? ». Dans la majorité des cas la réaction était la résignation, la recherche d'une discussion, l'acceptation résiliente ou l'action-compensation telle que l'aide à autrui.

À plus grande échelle, l'histoire des civilisations a montré en effet que la tendance humaine pour extérioriser, manifester ce sentiment d'injustice peut être la recherche de la discussion ou négociation, et en cas de refus opposé par l'autre ou d'échec : la lutte, la vengeance, ou l'oubli qui sont trois formes de violence imposées aux autres ou à soi-même. La force de la justice institutionnelle c'est de contenir ces trois réactions de violence. Notons d'ores et déjà que la solidarité pourrait être une action non violente et curative du sentiment d'injustice intéressante à exploiter.

La mission pacificatrice de la justice

Il est acquis de longue date que le premier rôle de la justice étatique à l'instar de l'Aréopage dans la Grèce antique, consiste à juguler le cycle destructeur de la vengeance privée dans les conflits interpersonnels. Elle canalise la violence vengeresse. Décrite comme une « simulation de justice » par Paul Ricœur, la vengeance ne conduit pas à l'apaisement et à la pacification des relations humaines[1]. Au contraire, à la réplique émotionnelle qu'une victime d'un fait dommageable d'une certaine gravité aimerait donner à son auteur, la justice et les voies de droit s'imposent comme une réponse rationnelle, objective, proportionnée qui est censée épancher la soif de vengeance de la victime et satisfaire son besoin de justice afin de mettre un terme au litige pour l'avenir.

Une fois que la justice est rendue, la victime est censée, en principe, avoir obtenu son dû. Ainsi, la justice apporte une solution neutre, extérieure à un conflit nourri par les passions humaines. La justice est le processus de transformation d'un litige pour restaurer la paix, dans le corps social. Par « paix », nous entendrons non pas un amour global, mais un apaisement provoqué par la reconnaissance des faits, des actes, de la souffrance, constatée par un juge ou un tiers, dans un acte écrit conforme à l'ordre public[2] et

---

[1] RICOEUR (P.), *Le juste* 1, Éditions Esprit, Philosophie, 2001, p.189.

[2] Défini par Portalis comme « les principes exagérés d'une société » ou encore « la loi suprême » : PORTALIS, *Discours préliminaire au premier projet de code civil*, Coll. « Voix de la cité », Ed. Confluences, 1999. Envisagé par la doctrine civiliste comme la suprématie de l'intérêt général sur l'intérêt particulier, les principes juridiques impératifs auxquels on ne peut déroger par contrat conformément à l'article 6 du Code civil, en ce sens : CARBONNIER (J.), *Droit civil- Les biens, Les obligations*, vol. 2, PUF, Coll. Quadrige Manuel, 1ere éd., 2004, n°984 ; MALAURIE, (Ph.), *L'ordre public et le contrat*, Thèse, Paris, 1953, spé. n°99 : l'auteur définit l'ordre public comme « le bon fonctionnement des institutions indispensables à la collectivité. Il [l'ordre public] caractérise un état de la société, exprimant la fonction essentielle du droit en tant que régulateur des groupes humains ».

nécessaire pour renouer le pacte social. Cette « paix » correspond à la finalité longue et « dissimulée » de l'acte de juger décrite par Paul Ricœur[1].

Dans une société démocratique, l'intervention de la justice est nécessaire pour rappeler aux uns et aux autres que l'exercice de toute liberté n'est pas sans conséquence sur autrui et que ces conséquences doivent être assumées par celui qui les a provoquées ou auraient pu/dû les empêcher compte tenu de sa position dans la chaîne causale du dommage. Aussi nul ne remet en cause l'essence même de la justice étatique et son rôle aristotélicien : rappeler le droit lorsque le conflit survient pour replacer chacun dans son bon droit. Ce que la médiation bouscule ce sont les moyens pour y parvenir, ce qui nous invite à questionner la place du pouvoir dans la mission de paix.

La justice : un pouvoir ou une autorité ?

La médiation partage la même finalité de paix ou d'apaisement dans les relations humaines que la justice. Mais la médiation est dépourvue de la « finalité courte » associée par Paul Ricœur à l'acte de juger. *Ainsi, à la différence de la justice étatique, le médiateur ne « tranche pas le conflit »*[2] *parce qu'il ne juge pas, il ne décide*

[1] RICOEUR (P.), *op.cit.* p.185 : l'auteur décrit les conséquences de l'acte de juger du juge et distingue deux finalités : « une finalité courte en vertu de laquelle juger signifie trancher en vue de mettre un terme à quoi j'opposerai une finalité longue, plus dissimulée sans doute à savoir la contribution du jugement à la paix publique ».

[2] Art. 12 Code de procédure civile : « Le juge tranche le litige conformément aux règles de droit qui lui sont applicables ».

pas pour autrui. Ainsi, les moyens et les effets de la médiation sont radicalement opposés : ni jugement ni sanction[1] qui peuvent être vécus comme une forme de violence par son destinataire. La source de ce contraste tient à la place du pouvoir dans le processus de transformation qui est aussi absent dans la médiation qu'il est omniprésent dans la justice étatique.

Le juge dit le droit et rend la justice. Cette mission le place dans une posture de « pouvoir sur » les parties [*potestas*], ce qui n'existe pas dans la médiation. Quand bien même la Constitution du 4 octobre 1958 désigne la justice comme « une autorité » et non un pouvoir[2], force est de reconnaître que la justice étatique dote ses acteurs de nombreux pouvoirs sur les personnes. Il n'y a qu'à parcourir les dispositifs des décisions de justice pour le constater : ordonne, enjoint, condamne[3]. Un champ lexical qui se prête au pouvoir

---

[1] Au sens juridique la sanction est le juste « tarif » appliqué au manquement : Jestaz (P.), « La sanction ou l'inconnue du droit », D. 1986, chr, p. 197-204 ; BECCARIA (C.), *Des délits et des peines*, préface de R. Badinter, Flammarion, 1991 ; FOUCAULT (M.), *Surveiller et punir*, Gallimard, 1975 ; FASSIN (D.), *Punir une passion contemporaine*, Essai, Seuil, 2017.

[2] Art. 64 s. Constitution 4.10.1958, Titre VIII « de l'autorité judiciaire » ; art 66 alinéa 2 « l'autorité judiciaire, gardienne de la liberté individuelle, assure le respect de ce principe dans les conditions prévues par la loi ».

[3] À l'inverse la Cour européenne des droits de l'homme à laquelle les pays signataires de la Convention de sauvegarde des droits de l'homme et libertés fondamentales (1950) accorde une autorité morale, ne fait que « déclarer » en son dispositif une disposition de droit national conforme ou non conforme à/aux article(s) de ladite convention visé(s) par le requérant.

sur autrui et à la contrainte. À ce titre, le juge est investi de pouvoirs légalement encadrés pour construire un « jugement » fondé en droit et en fait par lequel il « rend la justice » et décide du sort des parties pour les aider à sortir du conflit. Lui est habilité à prononcer des sanctions civiles, pénales, administratives qui ont pour finalité de faire cesser, réparer, faire exécuter ou punir.

À l'inverse, la posture du médiateur est d'une autre nature, associant autorité, humilité et altruisme. L'étymologie de la médiation suffirait à définir l'esprit et de la médiation : du latin m*ediatio* « médiation, entremise », le fait de servir d'intermédiaire entre deux ou plusieurs choses[1]. Le médiateur est un intermédiaire chargé de rétablir un lien d'écoute, de dialogue lorsqu'il est rompu. Non dépourvu d'autorité, au sens pouvoir d'agir sur quelqu'un[2], le médiateur est avant tout un humble écoutant qui par un sens de la psychologie humaine, une intelligence globale[3], ses questions fines et perspicaces sur les besoins ou enjeux dissimulés du conflit, regards et gestes peut faire accoucher une paix (intérieure et collective) dont seuls les médiés détiennent les clés. Le médiateur est un maïeuticien de paix, au sens socratique, entre des

---

1 CNRTL « médiation ».

2 CNRTL « autorité ».

3 GARDNER (H.), *Les formes de l'intelligence*, Odile Jacob, Poches, 2022 : l'auteur est Professeur de psychologie comportementale à l'Université d'Harvard, qui a consacré des années de recherche à l'étude de l'intelligence. Parmi les huit formes d'intelligence qu'il identifie, on soulignera d'ores et déjà l'intérêt de l'intelligence intra personnelle pour toute mission faisant appel à l'empathie. Voir *infra*.

personnes libres qui par son écoute active, dite aussi « en miroir », fait accoucher des vérités non dites et une solution sur mesure et adaptée aux médiés pour reprendre le cours de leur vie. Il est donc dépourvu de tout pouvoir de sanction, au sens juridique : il n'est pas habilité à prononcer une sanction comme conséquence, tribut des manquements à l'origine des dommages, maux des médiés.

Il existe néanmoins dans la justice étatique des espaces d'écoute sans jugement, dans certaines fonctions ou mesures judiciaires, telles que l'office de conciliation du juge dans le procès civil[1][2], la médiation pénale[3], et plus récemment les audiences de règlement amiable[4]. Mais ces espaces de justice non jugeante qui aboutissent à une non-décision pacificatrice sont les exceptions au principe d'une justice jugeante et décidante. Il suffirait de connaître le nombre de décisions portant échec de conciliation de la justice, le nombre de médiations pénales ordonnées par les magistrats du parquet et le nombre d'ARA qui donne lieu à un procès-verbal d'accord. Ces aménagements du processus juridictionnel laissant aux personnes l'exercice de leur libre arbitre étaient jusqu'alors marginaux mais tendent à se déployer grâce à l'ARA.

Si justice étatique et médiation poursuivent la même finalité, la méthode diffère fondamentalement :

---

[1] Art. 21 Code de procédure civile.

[2] Mission qu'il peut déléguer à un conciliateur de justice dans les conditions de l'article 129-2 C.P.C.

[3] Art. 41-1 Code de procédure pénale.

[4] Articles 774-1 à 774-4 C.P.C. issus du Décret n° 2023-686 du 29 juillet 2023.

la première exerce un pouvoir contraignant sur autrui tandis que la seconde utilise une autorité douce sur autrui.

La médiation : une justice qui écoute sans juger

L'écoute est au cœur d'une mission de paix : qu'elle soit exercée par la justice étatique, par un diplomate, par un médiateur. Mais l'existence d'une intention derrière l'écoute peut mettre en échec la mission de paix. La vraie écoute, l'écoute pure, l'écoute empathique supposent une absence totale d'intention de celui qui prête l'oreille. Cette vision de l'écoute a été conceptualisée par le psychologue humaniste Carl Rogers, décédé en 1987 avant sa nomination au prix Nobel de la Paix[1]. Il révolutionne l'écoute thérapeutique en démontrant que l'écoute en miroir ou reformulation est non seulement plus respectueuse du patient, mais aussi plus efficace que l'écoute-conseil jusqu'alors appliquée par les psychologues. Il est d'ailleurs très intéressant de constater que ce concept « d'écoute active » utilisée en médiation provient de la psychologie comportementale et de la thérapie clinique : faire accoucher les capacités du patient par la simple écoute. Proche de la maïeutique socratique, cette forme d'écoute en reformulation part du postulat que la clé du conflit (interpersonnel ou intrapersonnel) est en la personne elle-même. Ainsi l'écoute active d'un tiers permet à l'écouter de dialoguer avec lui-même.

---

[1] ROGERS (C.R.), *L'approche centrée sur la personne*, Ambre Éditions, 2018 ; ODIER (G.), *Carl ROGERS Être vraiment soi-même*, Eyrolles, 2012.

Comme si la personne en conflit présentait un certain mal-être, conscient ou inconscient, accepté ou refoulé, que l'écoute pouvait « guérir ». Comme si la discorde révélait quelque part des paradoxes, blessures, fragilités internes aux personnes en opposition, qui dépassent même l'histoire du conflit et sa genèse. Le remède offert par le médiateur est simple : donner l'opportunité aux personnes d'exister pleinement, de dire ce qu'elles sont, ce qu'elles vivent et leurs moyens d'action pour restaurer leur bien-être dans la relation. Cette écoute non jugeante se matérialise également par une manière de communiquer exempte de toute évaluation, une « communication non violente » théorisée dans les travaux remarquables de Marshall B. Rosenberg[1] disciple de Carl Rogers. La communication non violente est devenue une référence en terme de méthode de communication assertive, respectueuse de soi et de son interlocuteur. Marshall B. Rosenberg, docteur en psychologie a consacré sa vie à expérimenté sa méthode dans des situations de conflit aigu aux États-Unis et dans le monde (zone de conflits armés) puis à l'enseigner comme conférencier. C'est à lui que l'on doit cette citation devenue célèbre : « la violence est l'expression tragique de nos besoins non satisfaits ». C'est lui qui a fait le lien entre émotion et besoin satisfait ou non satisfait.

À la différence du médiateur, l'écoute du juge est nécessairement « jugeante » puisqu'elle va l'influencer

---

[1] ROSENBERG (M.B.), *Les mots sont des fenêtres (ou bien ce sont des murs)*, La découverte, 2016.

dans son « jugement ». Cette finalité de la justice étatique peut compromettre l'accouchement sincère et intègre des esprits. La force d'une justice non jugeante, c'est d'être moins en proie aux « biais cognitifs »[1] ni au « bruit »[2] qui altèrent chaque système de pensée humaine et donc d'éviter des erreurs d'appréciation, de jugement, de compréhension, de perception.

Cette absence de jugement permet d'accueillir l'être humain dans toutes ses facettes : son aspiration à la paix tout comme l'expression de sa violence. La médiation accueille le désordre, Jacqueline Morineau, théoricienne de la médiation humaniste et pionnière de la médiation pénale en France, explique que c'est même « sa fonction essentielle »[3], ce qui la distingue de la justice étatique. Ainsi, la violence qui sommeille dans le cœur des personnes en conflit n'est pas réprouvée dans la médiation. Elle est accueillie, comme témoin d'un mal-être ou d'une vérité enfouie, dès lors qu'elle s'exprime dans les limites posées par le médiateur, pour être analysée. « Pourquoi ? Qu'est-ce

[1] TVERSKY (A.) & KAHNEMAN (D.), « Judgment Under Uncertainty : Heuristics and Biases », *Science*,185 : 112-131 (1974) ; SERRA (D.), *Économie comportementale*, Economica 2017, p. 65. : « les choix individuels sont systématiquement entachés par une profusion de biais psychologiques qui entravent leur rationalité. Ces biais touchent la plupart des fonctions psychologiques de l'être humain : la perception, l'attention, le jugement, le raisonnement, les modes de résolution des problèmes ».

[2] KAHNEMAN (D.), SIBONY (O.), SUNSTEIN (CASS. R.), *Noise : pourquoi nous faisons des erreurs de jugement et comment les éviter*, Odile Jacob, 2021.

[3] MORINEAU (J.), *L'esprit de la médiation*, Erès, 2021, spé. p. 69.

qui la déclenche ? Quel besoin non satisfait y est associé ? Il peut arriver que ce besoin soit ignoré par son hôte, c'est ce qui peut générer une frustration et une violence contre soi-même ou les autres. L'identification du besoin est une étape de pacification, car alors, la vie peut être réorientée vers la satisfaction de celui-ci ou seulement l'acceptation qu'il pourra être satisfait avec le temps, avec résilience. Cette connaissance fine de l'humain permet de dissiper la violence dans une médiation.

Dans la justice étatique, la violence est nécessairement réprouvée puisqu'elle est interdite par la loi sauf exception[1]. Même la violence verbale peut se retourner contre celui qui l'exprime, car le juge sera tenté d'en conclure un manque de contrôle de soi, ce qui peut présenter un danger pour les autres. Cette réprobation n'aide pas l'auteur de la violence à s'en libérer. Et chaque fois qu'elle condamne, la justice exerce une violence supplémentaire sur le condamné, qui s'ajoute à celle déjà perpétrée.

La médiation : une justice « holistique »

La médiation est une forme de justice dont la finalité est de résoudre un problème de manière globale et pragmatique. L'objectif immédiat de la médiation n'est pas de mettre en conformité une pratique ou un comportement avec le droit, mais de résoudre le problème révélé par le conflit et d'apaiser les médiés. Cette justice accueille

---

[1] Sauf dans les cas de légitime défense art. 122-5 et 122-6 Code pénal.

une partie de l'humain que la justice étatique et le droit peuvent négliger faute de « savoir-faire » ou de capacité de « décryptage ».

Pour parvenir à cette compréhension globale d'un conflit, la médiation utilise « l'intelligence émotionnelle »[1] – cette capacité à faire preuve d'empathie envers soi-même et envers les autres parce qu'elle comprend les émotions et les besoins des personnes dans toute situation, même inconfortable. Ainsi elle mobilise les deux systèmes de l'intelligence humaine[2] : la part émotionnelle dans les êtres [expression du cerveau reptilien et du système limbique aussi appelé système 1] et la part de rationnel siège de l'intelligence logique et déductive [néo cortex ou système 2]. Tout comme la justice étatique, la médiation essaie de voguer entre émotion et raison des médiés pour à la fois laisser les personnes exprimer leur ressenti, leur souffrance, et mobiliser leur capacité d'analyse et de logique pour comprendre les relations de causalité entre les faits et leurs conséquences. Médiation et justice étatique sont des processus de « rationalisation » des passions humaines.

Mais les moyens employés sont très différents : d'une part, le médiateur va essayer d'aider les médiés à « analyser » leurs émotions pour comprendre les besoins qu'elles dissimulent, étape essentielle pour

---

[1] GOLEMAN (D.), *L'intelligence émotionnelle. Intégrale*, Éditions J'ai lu, 2014.

[2] KAHNEMAN (D.), *Système 1. Système 2, Les deux vitesses de la pensée*, Flammarion, 2012.

identifier les clés de leur équilibre futur, d'autre part, le médiateur va accompagner les médiés dans l'accouchement des conditions de leur propre paix. Ce n'est pas lui qui va dicter les termes du contrat de médiation, parce que le processus d'éveil des consciences qu'il aura mis en œuvre tout au long des séances de médiation devrait suffire à rendre les personnes raisonnables, à accueillir les intérêts et besoins de l'autre, pour modérer les leurs et ainsi construire un protocole d'accord « équilibré ».

La médiation est une justice profondément humaine, qui « restaure la dignité humaine » de chaque être et offre une opportunité d'apprendre à se connaître. Une justice dans laquelle le pouvoir, la pression du corps social sont absents. C'est une justice qui guérit les âmes troublées par les excès de liberté des uns et des autres qu'elle ne juge pas en termes de gravité, mais de causalité. Elle ne procède d'aucune hiérarchie ni de catégorisation. Les personnes viennent avec leur fardeau, quel qu'il soit, le livrent au médiateur qui écoute, observe et capte derrière les mots, expressions du visage, émotions visibles ou perceptibles, les éléments importants du récit. Il se livre à ce rituel pour chacun des médiés, en séance individuelle dans un premier temps, prend des notes s'il le faut pour construire, préparer la future séance plénière. En séance plénière, les médiés viennent avec ce qu'ils sont, leurs blessures, leur colère, leur tristesse, leur besoin de justice. Et le médiateur les accueille avec la plus stricte neutralité. Il écoute, distribue la parole, reformule le tout pour relier l'humanité de l'un à celle de l'autre et vice versa. Cette neutralité et cet accueil total sans jugement conditionnent la confiance dans le médiateur, l'absence de crainte. *La moindre entorse à la neutralité de la part du médiateur pour une maladresse, un embryon de jugement (moral, de valeur ou de droit) peut compromettre le processus.* Cette différence est cruciale dans le « vécu » du processus de paix par les personnes. La médiation est un processus doux, sans pouvoir, qui par conséquent n'induit aucune violence.

Problématique et plan

L'objectif de cet essai est modeste : il vise à comparer les processus de justice entre celui la justice étatique et celui de la médiation pour identifier les points communs et les différences. Ni plus ni moins.

Ainsi, le *modus operandi* de justice sera analysé à travers trois axes : le cadre (partie 1), les moyens (partie 2), les effets (partie 3). Au sein de chaque partie, nous examinerons la part d'innovation du processus de médiation par rapport à celui de la justice étatique.

Il devrait apparaître au lecteur une compatibilité certaine entre ces deux modes de justice. Libre à lui d'imaginer ce que pourrait devenir la justice étatique si elle se nourrissait de la médiation. Libre à lui de rêver d'une justice qui petit à petit renoncerait à son pouvoir de juger pour exercer un non-pouvoir de transformer les personnes en conflit avec leurs semblables.

Partie 1. LE CADRE

Avant-propos : au-delà des garanties du procès équitable

L'article 6.1 de la Convention européenne des droits de l'homme énonce les conditions d'un procès équitable, un procès qui mène au juste. Il confère ainsi à chacun le droit d'être entendu par un tribunal indépendant et impartial, dans un délai raisonnable, de manière publique [sauf si la publicité va à l'encontre de l'intérêt de la justice] et d'être présumé innocent jusqu'à avoir été reconnu coupable.

La médiation [qu'elle soit conventionnelle, judiciaire[1] ou réalisée au sein d'un processus de justice restaurative[2]] non seulement valide ces garanties, mais

---

[1] Art 131-1 suivants C.P.C.

[2] Art. 10-1 C.P.P issu loi n°2014-896 du 15 août 2014 relative à l'individualisation des peines et renforçant l'efficacité des sanctions pénales : « Constitue une mesure de justice restaurative toute mesure permettant à une victime ainsi qu'à l'auteur d'une infraction de participer activement à la résolution des difficultés résultant de l'infraction, et notamment à la réparation des préjudices de toute nature résultant de sa commission. Cette mesure ne peut intervenir qu'après que la victime et l'auteur de l'infraction ont reçu une information complète à son sujet et ont consenti expressément à y participer. Elle est mise en œuvre par un tiers indépendant formé à cet effet, sous le contrôle de l'autorité judiciaire ou, à la demande de celle-ci, de l'administration pénitentiaire. Elle est confidentielle, sauf accord contraire des parties et excepté les cas où un intérêt supérieur lié à la nécessité de prévenir ou de réprimer des infractions justifie que des informations relatives au déroulement de la mesure soient portées à la connaissance du procureur de la République.»

les dépasse, puisqu'elle offre la possibilité d'être entendu dans un délai effectivement bien plus rapide que la justice étatique et par un médiateur indépendant et impartial[1]. Quant à la confidentialité, contrairement à une tendance actuelle de la justice qui cherche à se montrer telle qu'elle est, il en va toujours de l'intérêt de la justice et de la pudeur humaine d'être soustraite des regards et des appréciations du public. Si la publicité est une garantie de bonne justice[2], c'est par souci de transparence et de rendre des comptes à celui au nom duquel la justice est rendue « le peuple français ». On pourrait alors se poser la question suivante : Y aurait-il besoin de la publicité, si la justice n'exerçait pas de pouvoir sur les justiciables ? Dans la médiation, la confidentialité s'impose pour préserver l'intimité des personnes et les enjeux importants qui leur sont propres. Ainsi la confidentialité des échanges s'impose au médiateur à l'égard du juge,[3] mais aussi à l'égard des médiés lorsque l'un d'eux réclame un aparté pour communiquer une information importante au médiateur sans la révéler aux autres membres de la séance.

La présomption d'innocence est plus forte encore dans la médiation, puisqu'elle ne porte pas de jugement sur les faits, elle recherche tout au plus les liens de causalité entre les faits et les réactions. Il n'y a

[1] Art. 1530 C.P.C.

[2] Qui peut être réduite au huis clos dans l'intérêt des parties (en matière familiale : art 1074 C.P.C.) ; de la protection de la jeunesse ou de l'ordre public (en matière criminelle : art.306 C.P.P).

[3] Art. 131-14 C.P.C. : dans le cadre d'une médiation judiciaire.

pas de distribution des responsabilités juridiques, civile pénale ou administrative, il y a seulement la prise en compte de personnes de dignité égale.

La dignité humaine et le libre arbitre : impératifs matriciels de la médiation

Dignité humaine et libre arbitre sont sans doute les principes directeurs les plus forts d'un processus de médiation. En cela, *la médiation est sans doute la forme de justice la plus élevée en termes d'idéal philosophique et juridique.* Et c'est aux réflexions ontologiques les plus fondamentales sur le droit et la justice qu'elle doit cette proximité avec l'utopie de justice humaine. La médiation est un processus sans concession avec la dignité humaine. Le médiateur compétent est d'une telle humanité qu'aucun de ces mots ne peut être vécu comme une atteinte à l'intégrité psychologique des médiés. Quant à l'intégrité physique, la médiation n'exerce aucune contrainte, ni pression et ne sanctionne pas, il n'y a donc aucune violence possible ni physique, ni psychique en dehors de celles exprimées par les médiés. Ce principe annoncé par l'article 1 de la Déclaration universelle des droits de l'homme de l'ONU et de la Charte des droits fondamentaux de l'Union européenne[1] n'a pas d'équivalent en droit français et la Cour de cassation a récemment rappelé que ne revêtant pas valeur constitutionnelle, il ne pouvait « constituer un motif

[1] Art. 1er « la dignité humaine est inviolable. Elle doit être respectée et protégée ».

autonome de restriction à la liberté d'expression artistique »[1].

Le libre arbitre est l'autre principe matriciel de la médiation, qui découle de la dignité humaine. On pourrait expliquer la notion de libre arbitre à travers la théorie de l'autonomie de la volonté issue de la philosophie kantienne[2]. Cet auteur, apparenté au courant des Lumières, a profondément nourri la doctrine juridique et son approche de la liberté a été scellée dans le Code Napoléon[3]. Elle considère que « la volonté des parties est la source et la mesure de toute obligation ». C'est « parce l'homme est fondamentalement libre qu'il peut être assujetti aux lois qu'il a voulu ». Par conséquent, l'homme libre doit respecter ce à quoi il a choisi de s'engager librement. Cette vision de la liberté a donné lieu à deux principes directeurs du droit des obligations que sont la liberté contractuelle et la force obligatoire du contrat. La médiation est un processus fondamentalement fidèle au libre arbitre et à la théorie de l'autonomie de la volonté. Et l'accord de médiation, si la médiation aboutit, poursuit la théorie, car les médiés ne peuvent s'astreindre qu'à des mesures conclusives qu'elles ont librement choisies. Ce qui explique que l'accord de médiation soit qualifié juridiquement de contrat.

---

[1] Ass. Plén. 17 novembre 2023, n°21-20.723.

[2] KANT (E.), *Fondements de la métaphysique des mœurs*, Librairie philosophique J. Vrin, Bibliothèque des textes philosophiques, 2015, spé. p.162 : « L'autonomie de la volonté est cette propriété qu'a la volonté d'être à elle-même sa loi ».

[3] Art. 1134 ancien Code civil ; art. 1103 Code civil.

Toutefois, le libre arbitre est à la fois la force et la faiblesse de ce processus : car n'entre en médiation que l'être libre et volontaire. De même qu'il peut en sortir du seul fait de sa volonté. La justice étatique au contraire, une fois saisie librement par les parties (du moins les demandeurs), les parties sont dépossédées de leur procès et doivent se tenir à la disposition du tribunal.

Annonce

Si les cadres processuels de la médiation et du procès présentent de nombreuses similitudes, nous verrons comment les garanties propres à la médiation, qu'elles tiennent aux médiés (I), au médiateur (II) ou au processus (III), rapprochent la médiation de l'idéal de justice.

I. Garanties tenant aux médiés

La liberté d'entrer et de sortir de la médiation

En dehors de la médiation judiciaire, la médiation est une démarche volontaire, fondée sur le libre arbitre : liberté d'entrer et de sortir de chacune des personnes du processus. Nul ne devrait être contraint d'y entrer. C'est à la fois toute la force et la fragilité de ce processus. Pour trouver « la paix », il faut la vouloir et en être acteur. C'est la philosophie de la médiation. Aussi, la médiation comme tous les modes amiables - et de justice restaurative - reposent sur le libre consentement de toutes les parties. La liberté étant entendue dans son sens littéral, comme « l'absence de contrainte externe ou interne ». C'est la grande différence de la justice étatique qui permet « d'assigner » et de contraindre l'autre partie - le défendeur - à venir s'expliquer devant le juge pour le grief que le demandeur lui reproche. En médiation, toutes les parties doivent y consentir librement, sans y être forcées. Ce qui suppose qu'au fond d'elles-mêmes, elles ont envie de croire à une issue possible en dehors de la contrainte et du droit. Cette liberté est protégée pendant tout le processus de médiation : à tout moment, les médiés peuvent décider d'en sortir, contrairement à la procédure judiciaire dont l'issue dépend nécessairement d'un magistrat - sauf à demander désistement d'instance qui demeure néanmoins soumis à l'acceptation du défendeur[1]. Dans

[1] Art. 395 C.P.C.

la médiation, les médiés sont donc « maîtres » de leur liberté. On pourrait croire que cette liberté fragilise le processus, parce qu'elle autorise tous les imprévus. Mais à la vérité cette fragilité est une garantie forte de son succès. En effet, c'est lorsqu'un médié sent que sa liberté est « mise en péril » qu'il peut être tenté de sortir du processus. Or, *s'il se sent « libre » d'être lui-même, c'est-à-dire un être humain nécessairement imparfait exprimant sa vérité avec maladresse, refus de l'autre, mais aussi sa sensibilité à l'autre, et son acceptation de l'autre avec les mêmes paradoxes, et ce du début à la fin, alors le médié choisira de rester.*

On aimerait contraindre les personnes en conflit de trouver une solution amiable inspirée par leur Raison et leur bonne foi, avant de saisir le juge. C'est d'ailleurs l'option choisie par le législateur, puisque désormais tout litige portant sur un montant n'excédant pas 5000 euros devra faire l'objet d'une démarche amiable préalable (telle que le recours à la médiation) avant d'être porté devant un juge, à peine d'irrecevabilité de la demande en justice[1]. On pourrait penser que cette obligation de saisir un médiateur avant le juge est contraire à l'esprit de la médiation et risque de compromettre son succès, parce que la démarche n'est pas spontanée. *Mais dans une société qui a pris pour habitude de saisir le juge pour régler un différend, qui aime le duel judiciaire pour faire triompher l'argument de droit le*

[1] Art. 750-1 C.P.C. Modifié par l'article 1 du Décret n°2023-357 du 11 mai 2023 qui instaure un dispositif d'injonction généralisé faites aux parties d'aller voir un médiateur.

plus fort au soutien d'intérêts particuliers, il y a peut-être besoin d'un nudge[1] *juridique sous forme de contrainte pour développer la culture de la paix et du dialogue.*

Héritière de la philosophie des Lumières, notre société française a érigé la liberté « individuelle » au sommet de notre hiérarchie des valeurs sociales et la décline à l'infini. Il lui incombe aujourd'hui d'apprendre aux citoyens que la liberté s'exerce nécessairement dans une relation à l'autre, qu'il s'agisse d'une relation personnelle, professionnelle, économique. Cette dimension « relationnelle » de l'exercice d'une liberté est fondamentale pour vivre dans une société libre comme la nôtre. « La liberté s'arrête là où commence celle de l'autre » dispose l'article 4 de la Déclaration des droits de l'homme et du citoyen, texte emblématique du bloc de constitutionnalité. On notera que cette limite à la liberté a la même valeur normative que le principe de liberté : une valeur constitutionnelle. Aussi la liberté individuelle tout comme sa limite, siègent-elles au sommet de la hiérarchie des normes théorisée par le positiviste Hans Kelsen[2]. La médiation est une forme d'enseignement d'ajuster et de (ré)concilier les libertés de chacun, pour bien vivre ensemble.

---

[1] Littéralement « coup de pouce » ou incitation : THALER (R.H.), SUSTEIN (C.R.), Nudge : *la méthode douce pour inspirer la bonne décision*, Pocket 2012.

[2] KELSEN (H.), *Théorie pure du droit*, trad. Par Ch. Eisenmann, Dalloz, coll. « philosophie et droit », 1962, p. 299.

L'égalité des vérités des médiés

Dans la médiation, l'égalité des médiés à une réalité concrète très forte, qui dépasse l'égalité en droit et la transcende.

Sur la forme, d'abord. Dans une médiation, les termes demandeur/défendeur, mis en cause/victime n'existent pas, ce qui induit nécessairement un traitement identique, neutre et impartial de la part du médiateur. En outre, la qualité de médié fait disparaitre les qualités sociales, professionnelles des parties. La médiation s'intéresse avant tout « aux personnes » des médiés, à leur histoire, à leur vécu, à leur réalité. L'égalité des êtres s'exprime autrement.

Sur le fond, ensuite. Tout d'abord cette égalité se manifeste dans le rôle de chacun dans le conflit. Ce qui relie les médiés c'est leur conflit. Et dans un conflit, si chacune des parties va essayer de faire peser le poids de la responsabilité sur l'autre, le processus de médiation va montrer au contraire à chacune des parties qu'elle détient une clé pour construire l'issue du conflit. Les médiés sont donc égaux dans le conflit et dans son issue. Car chaque médié est une « clé » pour sortir de l'impasse du conflit.

Par ailleurs, cette égalité découle de l'humanité de chacune des parties, révélée au cours du processus de médiation. Inéluctablement, le conflit va réveiller les valeurs importantes de chacun des médiés qui ont été malmenées par l'autre et les émotions qui expriment la réaction de chacun aux évènements. Cette dimension

« sensible » de l'être humain est le terreau des médiateurs pour faire surgir les vérités et les besoins de chacun afin de construire l'issue du conflit. C'est cette libération qui peut faire prendre conscience à chacun des médiés que « l'autre » a aussi une sensibilité, un rapport au monde qui est le fruit de son histoire personnelle, qui n'a pas moins de valeur que la sienne. Cette émergence de « l'humanité » des êtres va permettre à chacun d'accéder à l'humanité de l'autre et de reconnaître « cet autre » comme son semblable, son égal.

II. Garanties tenant au médiateur

Avant-propos : une posture d'humilité

Comme tout tiers intervenant dans une relation, le médiateur se doit d'honorer certains principes éthiques et déontologiques. Il doit être impartial, neutre et indépendant[1]. Cette déontologie n'est pas propre au médiateur, elle s'impose également à l'arbitre, au conciliateur et au magistrat[2]. En outre, la médiation mobilise d'autres qualités inédites : il s'agit de l'absence de pouvoir et le retrait de soi-même. Dans sa posture, le médiateur se montre l'égal des médiés, habillé sans distinction ni signe extérieur d'autorité, il se met dans la condition de l'être humain avec ses forces et ses fragilités.

L'absence de pouvoir

Le médiateur n'exerce aucun pouvoir sur les médiés, car il n'en a pas reçu l'habilitation par la Loi. Les médiés sont libres de quitter le processus à tout instant, le médiateur ne peut les contraindre d'aucune manière. Étant indépendant, il n'a de compte à rendre à personne il est donc libre aussi de quitter le processus si les médiés ne respectent pas les « règles du jeu » qu'il aura rappelées au début de chaque séance plénière.

---

[1] Art. 1530, 1531 C.P.C. ; Art. 1 du Code de déontologie du médiateur « formation, indépendance, neutralité, impartialité, loyauté », en ligne cours-appel.justice.fr.

[2] Ordonnance n° 58-1270 du 22 décembre 1958 portant loi organique relative au statut de la magistrature.

À l'inverse, la justice étatique confère des pouvoirs aux magistrats qui ont des conséquences considérables tant sur la vie des personnes « jugées » que sur la société en général. En dehors de leur mission de conciliation[1] qui se veut proche de celle du médiateur, les juges ordonnent, retirent, condamnent et font exécuter. Il en est de même pour l'arbitre, qui « tranche les litiges »[2] même lorsqu'il statue en équité et agit en amiable compositeur, *in fine* la sentence arbitrale équivaut à un jugement revêtant force exécutoire.

Tout comme le conciliateur de justice, le médiateur est dépouillé de tout pouvoir, hormis celui de mettre un terme à la médiation si le cadre posé n'est pas respecté par les médiés. Ses principaux outils sont le langage qu'il doit manier avec la plus grande délicatesse pour ne pas compromettre la liberté des médiés et leur espérance dans le processus et l'intelligence, une intelligence globale qui permet de comprendre les grands enjeux du conflit de manière quasi intuitive. Nous y reviendrons. *De cette absence de pouvoir, il en découle nécessairement une humilité singulière du médiateur, qualité professionnelle rarement requise.*

« L'absence de soi »

Dans la médiation, le médiateur est à la fois un tiers indispensable au processus, mais sa présence ne sera

---

[1] Art. 21 C.P.C.
[2] Art. 1511 C.P.C.

bénéfique aux médiés que s'il « s'efface » totalement pour rentrer dans la vie des médiés, leur histoire en vue de saisir les « clés » du conflit qui trouble leur paix. Son premier rôle est l'un des plus modestes puisqu'il s'agit d'abord d'écouter, d'accueillir, sans jugement, le récit des médiés. Cette action d'écoute va demander au médiateur d'abandonner son « soi », sa propre histoire pour éviter toute interférence avec le récit des médiés. Sa chaleur humaine sera pourtant un « liant » utile aux médiés, un cadre rassurant. Elle est non seulement essentielle pour lui-même, pour qu'il puisse exprimer et exercer son « art » dans la compréhension de l'altérité, mais elle l'est aussi pour amener les médiés à reconstruire une écoute mutuelle. Le médiateur est donc un tiers qui accueille de manière inconditionnelle l'humanité des médiés, avec ce qu'il y a de beau et de moins beau chez l'être humain. Par son écoute et sa reformulation des propos des médiés, le médiateur se dresse en un humble miroir des vérités clamées et suggérées des médiés. Mais en proposant d'être le reflet des vérités fragiles des médiés, le médiateur va faire « accoucher » tel un maïeuticien, les « clés » de l'issue du conflit. Son écoute doit néanmoins être utile et active, puisque dans le récit des médiés, le médiateur doit identifier les éléments clé de l'intérêt commun des médiés qui permettra de renouer le dialogue ou poser les conditions d'une relation apaisée.

Ainsi, à la différence du magistrat ou de l'arbitre, le médiateur n'impose pas de solution, il peut tout au plus en suggérer une. Il s'agit alors d'une solution conforme au droit et qui répond aux enjeux du conflit. Mais ce sont les médiés qui restent les seuls acteurs de l'accord tant sur son principe que sur ses modalités.

Une autorité douce, une forme de sagesse

Du latin *auctoritas* « capacité de faire grandir » : il n'y a pas plus exacte incarnation de l'autorité que celle du médiateur, plus généralement l'être de paix : faire grandir les personnes – prises dans l'étau du conflit, de la haine et la vengeance à l'égard de celui qui a causé le tort – les faire grandir en compréhension de soi-même, de l'autre et *in fine* d'acceptation de la situation d'hier pour construire un futur apaisé.

Être médiateur suppose une certaine sagesse qui s'exprime par une acceptation totale de ce que peut être l'humain, autant dans sa part d'ombre que sa part de lumière. Il en découle une bienveillance inconditionnelle, qui est une bienveillance rare. Elle suppose de s'être acceptée soi-même, avec lucidité et indulgence. Lorsqu'un tel niveau de bienveillance est atteint pour soi, alors la bienveillance du médiateur peut irradier toute personne, même celle qui a commis l'impardonnable. Car cette bienveillance universelle sait que l'être humain ne se réduit pas à ses actes.

La bienveillance à l'égard de chaque être humain

C'est le résultat de la sagesse. La médiation présuppose que le vécu de chacun est une vérité inaltérable qui mérite d'être accueillie telle qu'elle, sans jugement, même si les réactions, comportements d'un des médiés pourraient paraître comme « déraisonnable » au regard des règles de bienséance. Au contraire, toute réaction d'un médié indique une information, un message de son soi profond qui lui rappelle une vérité. Et c'est précisément cette vérité que le médiateur doit faire accoucher : le « pourquoi » la réaction. Tout ce que vit un être humain peut être accueilli en médiation. Cet accueil inconditionnel du médiateur est possible précisément parce qu'il ne juge pas. Et petit à petit, c'est en faisant accoucher les vérités plus ou moins apparentes ou enfouies des médiés que la transformation peut opérer dans le for intérieur de chacun. Et si une vérité de l'un est difficile à entendre par l'autre médié, le médiateur demandera « pourquoi réagissez-vous ? », « qu'est-ce qui se passe en vous ? » et ainsi de suite. Ce qui est difficile pour les personnes en conflit c'est de comprendre pourquoi ils sont en conflit avec l'autre, les vraies raisons de ce conflit, les valeurs qui sont mises en péril par le différend. Finalement, chacun est prêt à accueillir l'autre lorsqu'il comprend ce qui se passe en lui. Et alors les relations s'apaisent.

III. Garanties tenant au processus

La confidentialité maîtrisée par les médiés

La médiation est un processus protégé par une garantie cardinale : la confidentialité. C'est sans doute le principal attrait de la médiation et des MARD en général par rapport à la justice étatique. C'est la confidentialité des échanges qui va encourager la libération de la parole des médiés. Bien sûr, la confiance dans la personne du médiateur contribuera aussi à cette libération progressive. Mais cette garantie peut inciter des personnes à opter pour la médiation plutôt que l'assignation [notamment dans les conflits économiques où des secrets d'affaires sont en jeu]. Dans la médiation, la confidentialité s'impose dès le début, lors de la prise de contact dans les entretiens préalables, elle se poursuit pendant les différentes séances plénières et s'immortalise avec l'accord de médiation signé par les médiés. Dans la médiation, la confidentialité atteint un niveau supplémentaire notamment dans la technique de « l'aparté ». À tout moment du processus, les médiés peuvent choisir de révéler certaines informations seulement au médiateur. La confidentialité de ces échanges « non contradictoires » pourra être levée qu'avec l'autorisation des médiés, s'ils estiment que la révélation de ces éléments confidentiels pourrait faire avancer le processus de l'accord.

Le contradictoire « sublimé »

La médiation est un processus de paix fondé sur l'échange des vérités de chacun des médiés. Le contradictoire prend une autre dimension dans la médiation, il est presque sublimé. Ce n'est pas tant l'échange d'arguments juridiques ou factuels que la médiation provoque, mais l'échange de vérités distinctes, de même valeur, car le récit de chacun des médiés est d'importance égale. Dans une procédure judiciaire, le principe du contradictoire a un effet à la fois vertueux parce qu'il garantit la loyauté des débats, mais dans le même temps il a un effet pervers parce qu'il alimente la « contradiction » et l'envie de chaque partie, encouragée par leurs avocats, de trouver l'argument le plus fort pour gagner le procès. Le procès n'est rien d'autre qu'un duel « rationnel » entre deux personnes en conflit, qu'il faut départager à l'aide du droit. Dans le procès des viols de Mazan, Gisèle Pélicot a dû faire face aux questions des avocats de la défense, qui inévitablement pour diminuer la responsabilité et la peine de leurs clients, ont posé des questions qui mettaient en doute sa vérité. *Mettre en doute la souffrance vécue est une violence supplémentaire.* Des avocats empathiques et respectueux de la victime peuvent parvenir à poser avec délicatesse les questions embarrassantes. Tandis que des avocats animés par la passion des droits de la défense et habiles juristes risquent de négliger l'impact des mots sur l'interlocuteur. Dans la médiation, il y a bien sûr cette logique d'argumentation en droit et en fait, au soutien des intérêts personnels, mais, il n'y a pas l'enjeu de convaincre le médiateur parce qu'il n'a pas de pouvoir de décision. Il n'y a donc pas cette logique du gagnant – perdant : soit la médiation aboutit et il y a deux gagnants, soit la médiation échoue et le conflit demeure. Si les vertus du dialogue et de l'esprit de la médiation font petit à petit effet sur les médiés, ces derniers finissent par comprendre que le but de la médiation au final c'est de convaincre l'autre médié de venir vers soi, ce qui demande au préalable de faire un pas vers l'autre.

Une grande place est offerte en revanche à l'explication et à la description des besoins, des intérêts, des contraintes, des enjeux, qui peuvent être renforcées et consolidées par la présence des avocats. Il y a donc deux vérités égales qui s'expriment pour être entendues par l'autre et le cas échéant parvenir à un accord de paix formalisée ou non. On ne parlera pas de dialogue parce qu'il peut arriver que les médiés refusent de se parler directement, mais en s'adressant au médiateur ils libèrent des mots qui sont nécessairement entendus par les autres médiés. Aussi on peut dire que le processus de médiation est contradictoire par essence, parce que le but véritable de la médiation c'est d'amener les médiés à accueillir la vérité de l'autre.

La roue de Fiutak : un processus structurant et souple

La médiation est définie comme un processus structuré. La roue de Fiutak est une méthode inventée par le Professeur Thomas Fiutak qui propose une chronologie de quatre étapes pour résoudre un conflit[1] : une étape d'expression des récits ; une étape d'expression des émotions, ressentis, besoins, valeurs ; une étape de « brainstorming » des solutions potentielles et une étape d'engagement dans une voie de sortie du conflit par la finalisation/rédaction de l'accord. Si les deux premières étapes ont pour objectif de « clarifier » la situation par le partage des perceptions, ressentis, enjeux personnels de la situation la troisième étape vise une « transformation » par le détachement du passé pour imaginer un avenir serein et la quatrième étape se consacre à « l'implémentation » d'un accord lequel suppose de se poser des questions plus subtiles.

En d'autres termes, la roue de Fiutak propose un processus de règlement du conflit en trois questions fondamentales sur le conflit : Quoi ? Pourquoi ? Comment ? Cette structure du processus n'est pas sans rappeler celle de la tragédie grecque qui se décompose en trois actes : la *theoria, la crisis, la catharsis*[2]. Cette présentation de Jacqueline Morineau, l'une des théoriciennes de la médiation humaniste, est intéressante parce qu'en effet en médiation, les parties commencent par exposer leur vision des faits sans véritablement entrer en dialogue, puis l'échange des versions et des perceptions conduit petit à petit à

---

[1] FIUTAK (T.), PLANÈS (G.), COLIN (Y.), *Le médiateur dans l'arène : réflexion sur l'art de la médiation*, Erès, 2011.

[2] MORINEAU (J.), *op.cit.*, p.77 s.

intensifier le débat jusqu'à l'expression forte, parfois violente des émotions, des souffrances, de l'identité enfouie de chaque partie. La formulation en miroir[1] du médiateur qui résonne comme le *chorus* de la tragédie permet à chaque partie d'être reconnue d'en sa souffrance et de prendre de la distance vis-à-vis d'elle-même ce qui amène doucement le point de bascule, la catharsis. Cette reconnaissance de soi par le tiers va aider à admettre l'altérité et à se projeter différemment sur l'avenir. C'est la phase de transformation pendant laquelle les émotions fortes mettent en lumière des blessures anciennes, des besoins inassouvis, enfouis et peut donner lieu à la dernière étape, de co-construction du cadre relationnel pour l'avenir. Il y a néanmoins une différence majeure entre la médiation et la tragédie, c'est l'issue du processus : un destin apaisé dans l'un, un destin tragique dans l'autre.

L'une des forces du processus de la roue de Fituak est sa souplesse : la chronologie de ces 4 étapes est importante, mais la pratique de la médiation n'est pas une science exacte. Le médiateur peut tout à fait revenir à une étape antérieure pour creuser un élément dans un sa double dimension (factuel/ressenti) s'il apparaît à un stade avancé de la médiation. Le médiateur « sent » lorsqu'il y a un « non-dit » et qu'il manque un élément du puzzle. Il est toujours attentif à des signaux faibles, même très faibles qui doivent attirer son attention. Le processus de médiation est

[1] Voir *infra* l'écoute en miroir de Carl Rogers.

d'une telle souplesse que l'accouchement autorise la survenance d'« éléments nouveaux » sans ralentir le processus. Un médiateur talentueux est capable de poser la question transformative qui renverse la situation parce qu'il a compris avec une présentation brève du conflit les mécanismes défensifs et leurs raisons d'être de chaque médié.

Conclusion – synthèse

Dans cette première partie, nous avons mis en exergue les spécificités processuelles de cette forme de justice par rapport à la justice étatique. Ainsi, il apparaît que la médiation ne bouscule pas fondamentalement le processus judiciaire : certaines garanties du procès sont tout aussi protégées dans la médiation. Toutefois, la médiation semble aller plus loin encore vers l'idéal de justice. Le libre arbitre des médiés, l'humilité absolue du médiateur, la contradiction « douce » dépourvue d'idée de duel d'argument, mais d'échange de vérités égales, sont sans doute les garanties les plus remarquables de cet autre « cadre » de justice. Des garanties que l'on aimerait percevoir dans toute justice humaine.

Partie 2. LES MOYENS

Avant-propos. L'absence du droit et de la rhétorique

Dans la justice étatique, le droit est omniprésent. La rigueur et l'objectivité du droit peuvent parfois laisser paraître une certaine rigidité et froideur qui ôte au processus la finalité humaine de la justice. C'est la présence des professionnels du droit qui permet de restituer une humanité au processus. Dans la médiation, c'est l'inverse : le processus étant basé sur la liberté, il est d'une totale souplesse et ce faisant profondément humaniste. Nulle crainte que le processus souffre de rigidité. Dans la médiation, le droit est discret, mais il est omniprésent. C'est le point le plus paradoxal de cette forme de justice : ce n'est pas une justice sans droit, c'est une justice qui dépasse le droit. *La médiation est une justice qui incarne les valeurs juridiques les plus fondamentales de notre système juridique : liberté, dignité humaine et respect de l'autre sont au cœur du processus de médiation, mais s'affranchit de la contrainte juridique pour en garantir le respect.* C'est une justice absolument conforme à tous les droits fondamentaux inscrits dans le bloc de constitutionnalité ou de conventionalité, mais qui peut trouver des solutions en dehors du droit, tout en étant conformes à l'ordre public. C'est un processus de paix fondé sur le libre arbitre des personnes qui utilise des moyens non juridiques, mais tributaires de la dignité des personnes.

La rhétorique n'a donc pas vraiment sa place dans la médiation même si les médiés tenteront d'en user au début du processus. L'argumentation a néanmoins sa place, car les discussions devant le médiateur doivent être constructives pour l'avenir de chaque médié. *L'important n'est pas de plaire au médiateur, de le convaincre, mais au contraire d'accéder à la pure authenticité, la pure sincérité. La sincérité dissipe petit à petit l'envie de prendre sa vengeance, de gagner.*

Annonce

Si le droit est sous-entendu dans la médiation, quels moyens utilise le médiateur pour pacifier les relations ? Des moyens hors du droit, la plupart révélés par des chercheurs en psychologie et qui trouvent toute leur place dans la résolution des problèmes humains, même les plus complexes. Le premier attrait à une forme d'écoute (I), le deuxième à une technique de communication (II) et le troisième à une approche globale de l'intelligence (III).

I. L'écoute non jugeante de Carl Rogers

Le langage thérapeutique

Le premier moyen utilisé par le médiateur est le langage. Mais une langue d'une rare qualité et délicatesse, une langue qui ne blesse jamais son interlocuteur, car employée avec une grande empathie, une langue destinée à « guérir » les maux conscients et inconscients des personnes en conflit. Présenté ainsi, ce langage peut sembler inaccessible ou idéalisé. Pourtant, deux grands chercheurs en psychologie dont les travaux sont devenus célèbres par la puissance de leur portée sur la condition humaine, nous livrent deux théories pratiques complémentaires pour manier cette langue réparatrice : l'écoute non jugeante de Carl Rogers et la communication non violente de Marshall B. Rosenberg.

Présupposé 1 : le jugement peut empêcher d'être soi

Médier et juger sont deux actions différentes. Étymologiquement ces deux actions renvoient à deux mécanismes radicalement opposés. La médiation vient du latin *mediatio* qui signifie « entremise » et renvoie à l'action de servir d'intermédiaire entre des personnes. Tandis que « juger » vient du latin *judicare* qui signifie « rendre un jugement, décider, apprécier » et renvoie à une action de décision pour autrui. Ces deux actions sont toutes deux portées sur autrui, mais leur intention est différente. Médier est un acte horizontal tandis que juger est un acte vertical. Le premier symbolise un acte de coopération, le second matérialise le pouvoir. « Juger » se réfère à l'idée d'une conformité/inconformité à la norme, à la bonne conduite, tandis que « médier » est exempte de toute considération d'évaluation. Au final, on comprend que ces deux actions si elles recherchent toutes deux la paix – la fin du conflit –, *il ne s'agit pas de la même « paix » ; la médiation recherche la paix intérieure des personnes, le jugement recherche la paix sociale pour empêcher la vengeance.* Ainsi, ces deux actions mènent à deux issues du conflit bien différentes. Dans la médiation, l'issue du conflit – lorsque la médiation réussit – se matérialise par un protocole d'accord qui pose les conditions d'une relation apaisée ou d'une non-relation. *Le jugement est une décision pour autrui là où le protocole d'accord est une décision pour soi-même.* L'impact de cette issue sur les médiés et les parties est nécessairement différent : dans la médiation, cet impact est maîtrisé, car choisi, tandis que dans la justice étatique, cet impact est non maîtrisé, car subi. Dans le premier cas, le pouvoir de décider de son sort est laissé entre les mains des médiés, dans le second cas le pouvoir de décider appartient à un tiers non choisi par les parties.

La conséquence est assez logique : devant un juge qui va décider pour soi, la personne « jugée » est tentée de ne dire qu'une partie de sa vérité pour éviter que l'autre partie de la vérité [la partie des faits, réactions qui est difficile à assumer pour chacun d'entre nous] ne se retourne contre elle dans le jugement. Devant un médiateur, si le risque de révéler la partie de la vérité difficile à assumer peut être reproché par l'autre médié, le médiateur l'accueillera avec empathie comme une « pièce du puzzle » supplémentaire pour construire le chemin de paix avec l'autre et avec soi-même.

Présupposé 2 : l'être humain a besoin d'être en paix avec lui-même pour être en paix avec les autres

Tout conflit avec quelqu'un ouvre une brèche en soi. Ce qui explique que la présence de la personne avec laquelle on est en conflit soit désagréable à vivre. Le médiateur a conscience de cela. Il sait que le conflit déstabilise les personnes. Certaines personnes vivent leurs relations sociales dans le conflit. On pourrait penser qu'elles aient même besoin du conflit pour exister, pour la simple raison qu'elles ne se sont pas encore trouvées elle-même. Or, le conflit a ce mérite de révéler des valeurs importantes sur soi, ce qui explique qu'il puisse être un moyen d'exister ou de se connaître pour certains, par le rejet de ce qu'il ne leur convient pas. Tel un maïeuticien au sens de Socrate, le médiateur va accompagner les personnes en conflit à exprimer, mettre les mots justes, sur la « faille » en soi, le ressenti, la valeur touchée et les besoins de chacun pour combler cette faille. Le facteur temps est cardinal à condition que les « bons mots » soient semés dans l'esprit de chacun comme des graines de mieux-être. Ce n'est que lorsque les médiés ont pris conscience de leur propre souffrance intérieure et de ce qu'elle leur révèle sur eux-mêmes que leur conflit intérieur peut cesser et que la relation avec l'autre peut s'apaiser.

Pour parvenir à semer les graines de cette paix intérieure chez les médiés, le médiateur recourt à un « outil » profondément humaniste : une écoute non jugeante, en miroir, inspirée des travaux de Carl Rogers : « Une écoute dénuée de tout jugement constitue une force thérapeutique puissante sans même avoir l'intention d'amener une aide quelconque. Elle confère à l'individu un sens de la personne, une sensation d'identité »[1].

La « guérison » par l'écoute

Il peut sembler surprenant de comparer un justiciable à un patient qui suit une thérapie, pourtant l'un et l'autre ont un point commun : ils sont confrontés à un problème relationnel avec eux-mêmes. Parce que le conflit interpersonnel ou le manquement à une règle sociale de base traduisent un non-ajustement avec autrui, la société et soi-même.

L'approche thérapeutique de Carl Rogers rompt avec la pratique habituelle basée sur la directivité de l'entretien. Au contraire, Carl Rogers va être le premier psychologue clinicien à faire de la pure maïeutique socratique, dépourvue de toute directivité, ou conseil, puisqu'il considère que la clé du problème

---

[1] ROGERS (C.), A *way of being*, Houghton Mifflin Harcourt, New York, 1995, cité *in* G. Odier, *op.cit.*, p.97.

du patient réside en lui-même. Il définit l'approche centrée sur la personne « comme une philosophie de base plutôt qu'une simple technique ou une méthode, qui quand elle est vécue, aide la personne à accroître le développement de ses propres capacités »[1]. « J'ai toujours pu m'appuyer sur le fait que si je peux traverser la coquille, si je peux atteindre la personne, il y aura un noyau intérieur positif et constructif »[2]. Pour ce faire, il expérimente, développe et conceptualise une nouvelle forme d'écoute appelée « écoute active ».

L'écoute en miroir

L'écoute active telle que mise en pratique et théorisée par Carl Rogers est une écoute pure dans laquelle l'écoutant aide l'écouté à accoucher son véritable soi. L'écoutant écoute l'écouté sans « penser » à ce qui est dit. C'est une écoute sans intention, sans attente particulière. Cette forme d'écoute est très difficile à offrir à l'autre et demande une concentration et une négation de soi qui sont presque contre nature. Elle requiert une fine compréhension de ses enjeux pour le bien-être de la personne écoutée ainsi qu'une certaine expérience pratique. Pour la faciliter, Carl Rogers pratiquait avec ses patients la technique de la reformulation ou formulation en miroir, en reformulant les propos de l'écouté, avec fidélité. Une

---

[1] ROGERS (C.R.), *The reader*, Houghon Mifflin Harcourt, Boston, New York, 1989 trad. Libre de G. Oier *in* G. Odier, *op.cit*, spé. p. 65.

[2] BALDWIN (M.), « Entretien avec Carl Rogers sur l'utilisation du *self* en thérapie » ACP-PR, n°10, La Queue les Yvelines 2009 cité in G.Odier, *op.cit.*, p. 46.

telle écoute présente un double effet bénéfique pour l'écouté qui valide l'hypothèse de Carl Rogers selon laquelle la clé du mieux-être du patient réside en lui-même.

D'une part, en entendant ses mots, l'écoutant a le sentiment d'être écouté, compris, accepté par l'écoutant ce qui procure un premier effet d'apaisement. D'autre part, en écoutant son récit synthétisé, l'écoutant peut entrevoir dans son propre récit des « clés » de transformation de son chemin et de son état intérieur.

C'est une écoute exigeante pour l'écoutant parce qu'elle doit être sans « faille » sans interférence de celui qui écoute et reformule. Même si les propos choquent, ennuient, semblent non cohérents pour l'écoutant, cela ne doit pas s'entendre dans sa reformulation en miroir. Sinon l'écouté pourrait percevoir un biais négatif projeté par celui qui écoute. En d'autres termes, l'écoute préconisée et pratiquée par Carl Rogers est purement altruiste, offerte au patient, pour qu'il ait accès à son soi-intérieur, qu'il prenne conscience de lui-même, grâce à l'écho de ses propos et de son langage para-verbal. C'est une écoute désintéressée et purement empathique.

L'écoute active est une écoute exclusivement tournée vers l'autre et détachée de toute interférence avec soi.

L'écoute active dans la mission de justice

L'écoute est essentielle dans la mission de justice pour comprendre la genèse du conflit, les souffrances vécues et les besoins des personnes pour en sortir. Que ce soit dans la médiation ou la justice étatique, ce premier moyen est cardinal.

Si les devoirs déontologiques du médiateur et du magistrat garantissent une écoute impartiale et neutre et ainsi le sentiment d'être entendu, le pouvoir et le jugement du magistrat peuvent altérer l'écoute authentique, la vraie écoute.

Au contraire, l'écoute par la reformulation offre une garantie concrète de l'impartialité de l'acteur de justice. Ce type d'écoute est possible dans la justice étatique. Nul doute que certains magistrats savent la pratiquer et le font déjà. Dans des contentieux très techniques ou des affaires complexes, il est sans doute plus naturel de pratiquer des séquences de « reformulation synthèse » pour s'assurer de la bonne compréhension des dires de chacun. La rédaction de certaines décisions rendues au fond dans ces affaires en atteste. À titre d'exemple, dans l'affaire du Mediator la partie 3 de l'arrêt du 20.12.2023 dédiée à « la molécule » explique la nature et les agents de la molécule benfluorex présente dans le médicament litigieux. Ces motifs de la décision peuvent s'apparenter à une reformulation miroir, car les juges sont soucieux de rester fidèle à la vérité scientifique débattue par les différents Professeurs appelés à déposer (p. 261 s.).

Plus difficile sans doute est l'écoute active dans des contentieux familiaux, contentieux liés à l'intime (infractions sexuelles) ou de violence extrême (terrorisme). Car ce sont des récits difficiles à entendre, qui peuvent déstabiliser l'écoutant. Inévitablement, l'écoutant qu'il soit juge ou médiateur, peut réagir intérieurement au récit tant de la victime que de l'auteur de l'acte dommageable. Magistrat et médiateur sont exposés à la même difficulté. L'interférence des émotions de l'écoutant avec les récits peuvent induire une empathie (ou sympathie) ou un rejet ce qui peut provoquer une réinterprétation, une évaluation morale, un jugement intérieur et ainsi compromettre une reformulation pure. C'est le fameux « bruit » intérieur décrit par les psychologues Daniel Kahneman, Olivier Sibony et Cass. R. Sunstein qui explique les erreurs humaines que l'on peut faire notamment à l'occasion d'une prise de décision. Or, le juge décide pour l'autre, alors que le médiateur accompagne les médiés à prendre une décision pour eux même. Le « bruit » intérieur du médiateur peut au pire gêner la séance de travail, mais ne retentit pas sur le contenu. Le juge à l'inverse peut se laisser « influencer » par ce bruit qui retentira sur la décision. Ce bruit peut biaiser le jugement alors qu'il est sans impact sur le résultat dans une médiation.

C'est précisément cette écoute que pratique le médiateur en médiation.

Les effets de l'écoute active sont décuplés en séance plénière lorsque chacun des médiés bénéficie de la reformulation du médiateur. Ainsi, chaque médié peut entendre la vérité reformulée de l'autre et faire ainsi son propre chemin intérieur pour venir vers l'autre.

Une écoute au service de la transformation des personnes

Rappelons que l'objectif de cette écoute non jugeante et en miroir c'est de faire accoucher les capacités transformatives de l'écouté. Ainsi si l'on transposait cette écoute au magistrat qui écoute le parent ayant abusé de son enfant, il pourrait alors clore la séance par une question de non-pouvoir telle que : « Selon vous, quelles seraient les conditions d'une relation respectueuse de l'intégrité physique de votre enfant ? que pensez-vous d'un accompagnement pour vous aider à reprendre le contrôle de votre désir et de votre libido ? ».

Si on la transpose maintenant au magistrat qui écoute une personne ayant participé à un acte de terrorisme religieux, il pourrait alors clore son écoute par une question de non-pouvoir telle que : « Comment pourriez-vous trouver un sens à votre vie sur terre dans le respect de votre foi et de la non foi de l'autre ? ».

Et enfin, si on la transpose au magistrat qui écoute une personne ayant commis un acte malhonnête pour optimiser son gain, sa réussite, sa renommée, au détriment d'un ou d'une multitude de personnes, il pourrait alors clore son écoute par une question de non pouvoir telle que : « Comment mettre votre intelligence au service d'une cause altruiste qui vous est chère ? ».

II. La communication non violente de Marshall B. Rosenberg

Traduire la violence en besoins

Toute l'œuvre - incluant le travail de terrain et la théorisation - de Marshall Rosenberg a consisté à essayer de traduire la violence verbale ou physique en besoins concrets que la personne, auteur de la violence, puisse exprimer avec des mots simples et sincères pour sortir de la violence. L'un des messages forts de son enseignement est que la violence verbale peut être aussi destructrice que la violence physique. Or la différence c'est que la première n'étant pas apparente, elle n'est ni socialement identifiée ni juridiquement condamnée, tandis que la violence physique est socialement réprimée et juridiquement condamnée. Et la violence physique peut devenir une réaction de défense face à la violence psychique. *C'est la raison pour laquelle « les mots » sont pour M. Rosenberg la clé de la guérison de toute violence.*

Par ailleurs, il a découvert à l'appui de toute une vie d'interventions comme médiateur dans des contextes conflictuels très variés allant du milieu scolaire, de la vie familiale et domestique, à des lieux d'affrontements armés entre groupes ethniques, que la violence est « finalement toujours l'expression tragique de nos besoins insatisfaits ». Cette phrase devenue célèbre résume toute la philosophie de la communication non violente, méthode qu'il a mise au point, affinée petit à petit tout au long de sa vie de psychologie, médiateur ou praticien de la communication non violente.

Du rejet à l'acceptation de l'altérité

La communication non violente est une communication « pragmatique » dont le but est de transformer une discussion entre des personnes qui refusent de faire équipe en une discussion où les personnes acceptent de coopérer.

Pour créer ce « pont » entre des personnes qui sont dans le rejet ou la non-écoute, Marshall Rosenberg a conçu une méthode de communication basée sur quatre points : l'observation factuelle, l'expression du ressenti (sentiment-émotion), l'expression de ses besoins ou intérêts et la formulation d'une demande tournée vers la concrétisation du besoin ou intérêt identifié.

Il a en effet constaté que pour être constructive, la discussion doit être fondée sur des éléments objectifs (les faits) et des éléments subjectifs tournés vers soi-même (besoins, intérêts, ressenti) et non vers l'autre[1].

Ce qui détruit la discussion c'est lorsque les personnes confondent ressenti et représentation de l'autre qui nourrit les reproches, critiques, la haine, etc. Les paroles jugeantes, évaluantes tournés vers autrui peuvent être vécues comme une forme de violence insidieuse et psychologique pour le destinataire.

---

[1] ROSENBERG (M.B), *Les mots sont des fenêtres (ou bien ce sont des murs)*, *op.cit.*, spé. p.231 : il explique que bien souvent « la critique, l'analyse, ou le diagnostic entravent le processus de résolution pacifique des conflits ». Au contraire, la méthode qu'il préconise est à rebours d'une parole « connotée » de subjectivité.

Quelle que soit la nature du conflit (familial, professionnel, violence urbaine, conflit ethnique, etc.), la discussion ne peut rapprocher les personnes tant qu'elles restent figées dans une « représentation de l'autre » et tant qu'elles refusent de voir l'impact de leur comportement, parole sur l'autre.

En d'autres termes la communication non violente est un outil pour sortir de sa propre violence au sens de « l'expression brutale des sentiments »[1] et du refus de l'autre.

La posture d'empathie de l'écoutant

Dans la continuité des travaux de Carl Rogers, qui avait été son directeur de doctorat, Marshall Rosenberg développe une méthode d'écoute empathique pour celui qui intervient comme tiers médiateur dans un conflit, dont l'objectif est de décrypter les ressentis et les besoins de l'écouté.

À l'instar des préconisations de Carl Rogers, Marshall Rosenberg explique qu'écouter avec empathie « requiert un état de vacuité de toutes les facultés »[2]. Selon lui, « il n'y a empathie qu'à partir du moment où nous parvenons à écarter tous préjugés et jugements à son égard ». Il met en garde contre la fausse empathie, celle qui s'exprime par des conseils ou des jugements mêmes basés sur une intention altruiste. S'appuyant sur un précepte bouddhiste selon lequel « ne te contente pas d'agir, sois là », Marshall Rosenberg

---

[1] Cnrtl « violence », étymologie, spé. BERTHELOT, *Satires*, p. 325

[2] ROSENBERG (M.B.), *op.cit.*, spé. p.136.

distingue bien l'empathie de la sympathie. L'empathie est une qualité de présence et d'écoute offerte à l'autre qui suppose que l'on fasse le vide en soi pour écouter l'autre sans interférence avec soi-même, tandis que la sympathie est une résonnance à ce que l'autre ressent.

Écouter quelqu'un avec empathie reviendrait à entendre au-delà des mots prononcés : ce qu'il observe (O), ce qu'il ressent (S), le besoin qu'il exprime (B) et ce qu'il demande (D)

C'est très difficile, mais avec l'entraînement, cela peut venir très naturellement.

Ce qui est le plus difficile, voire contre-intuitif, c'est de parvenir à déchiffrer ces quatre points, et notamment les besoins[1], « quelle que soit la manière dont ils sont exprimés »[2] même lorsque le comportement ou les paroles sont agressives, jugeantes, voire violentes. Même le « non » traduit un besoin qui empêche de dire oui à une demande.

Essayons de mettre cet enseignement de la CNV en pratique, en reprenant chacun des points de la méthode en pratique à travers trois situations conflictuelles : une séparation au sein d'un couple, du harcèlement institutionnel au sein d'une entreprise ou d'un établissement public, un problème de pollution régional (type algues vertes en Bretagne).

---

[1] point le plus difficile à percevoir chez quelqu'un car souvent il n'en n'a lui-même pas conscience : voir *infra*,

[2] ROSENBERG (M.B), *op. cit.*, p. 229.

a) Observer de manière factuelle sans évaluer

La première composante de la CNV consiste à séparer l'observation de l'évaluation, sinon l'interlocuteur risque de le recevoir comme une attaque personnelle et de se défendre.

Selon les mots de Marshall Rosenberg, « Je peux admettre que tu me dises ce que j'ai fait ou n'ai pas fait. Et je peux admettre tes interprétations, mais je t'en prie ne mélange pas les deux »[1]. Il explique que l'interprétation mène à la confusion et peut blesser, car l'interlocuteur risque d'entendre une critique. Il cite un philosophe indien J. Krishnamurti « observer sans évaluer est la plus haute forme de l'intelligence humaine ».

C'est difficile d'observer les gens et leurs comportements sans y mêler un jugement, une critique ou une autre forme d'analyse. Dans les relations humaines, observation et interprétation se mêlent insidieusement et sèment les germes du conflit, interpersonnel, voire collectif.

Alors que l'observation factuelle objective peut-être vérifiée par un tiers, ce que ne permet pas l'observation subjective.

Application

« L'oiseau se perche sur une branche » est une observation factuelle qui exprime ce que je vois et ne peut être réfutée par quelqu'un qui observe la même chose.

---

[1] ROSENBERG (M.B), *op.cit.* p. 51.

À l'inverse, si je dis « l'oiseau semble fatigué parce qu'il se pose sur une branche ».

Je quitte l'observation factuelle et objective pour exprimer une interprétation subjective du comportement animalier. Mais ai-je vérifié que c'était un bien une sensation de fatigue qui a poussé l'oiseau à se percher sur la branche ?

b) L'expression des sentiments : « je ressens »

Cette deuxième composante de la CNV est importante parce qu'elle requiert une expression sincère, qui est indispensable pour relier les personnes. Rosenberg explique qu'exprimer ses sentiments revient à « parler avec son cœur » en utilisant le pronom « je » et non « tu ». Cela peut paraître simple, mais la plupart du temps, nous exprimerons ce que l'on pense ou ce que l'on pense être ou encore ce que l'on reproche aux autres, et non notre sentiment ou sensation dans le corps.

Le vocabulaire affectif est pourtant riche et présente cette grande force de nous relier aux autres, car les sentiments et émotions sont universels tandis que la pensée est propre à chacun. Et bien souvent les personnes expriment des torts qu'ils reprochent aux autres au lieu d'exprimer ce qu'ils ressentent et leurs besoins. Tous constatons que l'expression des sentiments n'est pas si courante, surtout dans une société qui aime la réflexivité et la pensée. Ce qui explique que nous n'ayons pas développé notre vocabulaire sentimental. Le génie de Marshall Rosenberg est d'avoir découvert le lien entre besoin et émotion. Ainsi dans son ouvrage il livre une liste de ce que l'on ressent lorsque nos besoins ne sont pas satisfaits et une liste de ce que l'on peut ressentir lorsque nos besoins sont satisfaits :

1. On peut se sentir : amusé, attendri, calme, charmé, confiant, curieux, en sécurité, ébloui, décontracté, heureux, intéressé, joyeux, léger, libre, optimiste, insouciant, passionné, serein, surpris, plein d'amour, plein de chaleur, plein d'énergie, plein de gratitude, d'espoir, de tendresse...
2. À l'inverse, on peut se sentir : fatigué, à bout, accablé, agacé, anxieux, blessé, confus, coupable, découragé, apeuré, déstabilisé, effrayé, fragile, horrifié, inquiet, jaloux, pessimiste, sensible, stupéfait, soucieux, plein de pitié d'aversion d'agressivité de haine...

Application dans une relation homme femme de travail

Mme Y se sent harcelée par un collègue et l'exprime en ces mots : « M. X est un prédateur qui a un comportement inadapté avec les femmes (évaluation/jugement) parce qu'il me regarde de haut en bas (observation factuelle) et me harcelle (qualification emprunte d'évaluation) avec ses messages insistants ».

Il s'agit d'une observation non factuelle, qui associe observation, interprétation et évaluation personnelle.

Le médiateur pourra reformuler l'observation factuelle suivante :

« Vous observez que M. X vous a envoyé de nombreux messages ces derniers temps (O), en dehors des heures de travail, et vous a regardé avec insistance à plusieurs reprises (O) ce qui vous a mis mal à l'aise et vous fait sentir en insécurité (S) ».

Application dans une situation de souffrance au travail pour des raisons budgétaires

L'employé : « l'administration n'a pas conscience de ce que l'on fait, il nous en demande toujours plus, c'est inadmissible, à cause de cette logique d'efficience, nous faisons des erreurs humaines alors que c'est de leur faute ». Cette formulation mêle perception subjective et observation.

Transcriptions possibles par le médiateur :

« Vous observez qu'il manque du matériel dans votre service (liste A, B, C) ce qui vous contraint à aller chercher le matériel dans le service d'à côté ce qui vous fait perdre du temps pour prodiguer les soins (A', B', C').

Ou

« Ce que vous essayez d'exprimer c'est que vous aimez ce métier pour sa finalité altruiste, mais vous ne vous sentez pas soutenue par l'administration, alors que vous essayez de faire de votre mieux. Vous êtes très en colère, découragée, et inquiète pour l'avenir de votre métier compte tenu des exigences et restrictions budgétaires que vous impose votre hiérarchie ».

Cette formulation mêle des observations concrètes et l'expression fidèle des sentiments de l'employée.

Applications dans un conflit de couple

La compagne : « tu privilégies ton travail à ta famille. C'est toujours moi qui ai assumé l'éducation des enfants et la gestion de la famille pendant que tu travaillais pour toi et récoltais les honneurs professionnels. Tu n'as jamais rien fait pour nous... » qui est un reproche pouvant être reçu comme une violence.

Traduction par le médiateur :

« Ce que vous voulez dire c'est que vous vous sentez seule et abandonnée (S) lorsque votre compagnon est absent longtemps pour ses obligations professionnelles (O), vous vous sentez fatiguée de devoir gérer seule la famille et peu valorisée dans cette tâche, ce qui vous mets en colère » (S).

Le compagnon : « oui, mais tu m'ennuies, les enfants sont bruyants et pénibles » est une formulation teintée de reproches et donc violente à l'égard du destinataire qui pourrait être traduite :

Le médiateur : « ce que vous voulez dire c'est que vous aimez voyager, rencontrer des personnes, l'aventure et l'action que vous offre votre métier. Tandis qu'à la maison, vous ne savez pas comment vous rendre utile et vous avez du mal à vous reposer à cause du bruit des enfants ».

Cette formulation retranscrit le « je », en cela elle permet d'exprimer, sans violence, et en toute sincérité, authenticité la « vérité intérieure » de chaque partie au conflit.

On voit poindre dans ces formulations un lien fort entre les émotions d' inquiétude, de colère, de fatigue et les besoins de sécurité, respect, reconnaissance, calme. Ce pont entre émotion et besoin est la catharsis, le point de bascule du passage d'un conflit à sa résolution.

c) L'expression des besoins et demande concrète

L'expression des besoins

C'est une étape difficile, car bien souvent, nous n'avons même pas conscience de nos besoins essentiels. Connaitre ses besoins requiert une connaissance de soi, ce qui n'est si naturel dans notre société. L'École et l'Université transmettent la Connaissance nécessaire pour s'ajuster aux autres, nourrir l'esprit, éveiller les consciences, construire une réflexion, exercer une profession dans le respect de l'Éthique. C'est déjà une chance immense. Mais la connaissance de soi n'est pas un savoir qui se transmet : elle demande un temps d'introspection qui n'est pas une démarche habituelle, elle est pourtant libératrice et nécessaire pour vivre épanoui avec soi-même et les autres.

Quand on prend conscience de nos besoins les plus chers, on est plus à même de mener une existence tournée vers leur satisfaction et de nous réaliser, non pas en termes de réussite sociale, mais d'accomplissement de soi. Gardons à l'esprit que nos besoins peuvent évoluer dans le temps bien sûr et que nos besoins reflètent notre propre système de valeur.

Panorama des besoins humains fondamentaux

Dans son ouvrage, M. Rosenberg énumère une liste non exhaustive des besoins fondamentaux propre à l'espèce humaine :

1. Besoin d'autonomie qui se décline en liberté de choisir ses rêves, ses projets de vie, ses valeurs
2. Besoin de célébration : du deuil des êtres chers, des projets réalisés, des ambitions déçues, etc.
3. Besoin d'intégrité : incluant authenticité, créativité, estime de soi, recherche de sens
4. Besoin d'interdépendance : incluant acceptation, amour, chaleur humaine, compréhension, confiance, délicatesse, empathie, sincérité, proximité, sécurité matérielle ou affective, soutien...
5. Besoin de jeu : le rire et l'amusement
6. Besoin de communion spirituelle : incluant la recherche, de beauté, d'harmonie, de paix (et nous ajouterons la recherche de transcendance)
7. Besoins physiologiques : incluant un abri, air, eau, nourriture, repos, toucher et contact physique, expression sexuelle, mouvement exercice

Une fois le besoin identifié pour soi-même, on est plus à même de formuler une demande véritable, incarnée, sincère qui concrétisera notre besoin. C'est une demande affinée, personnalisée.

Applications : Conflit régional causé par une pollution (type algues vertes[1])

Une association de défense de l'environnement s'exprime :

« L'élevage et l'agriculture bretons sont en train de détruire notre patrimoine naturel (responsabilité, tort). Le rejet de pesticides et de nitrates dans les sols (O) entraine la prolifération (observation pas totalement objective, car il y a peut-être d'autres facteurs) d'algues vertes dans les rivières et sur les plages de la région, qui en désagrégeant libèrent un produit toxique pour le Vivant, les animaux et les humains. Les agriculteurs et éleveurs nous empoisonnent. Il faut arrêter l'élevage intensif, développer d'autres formes d'exploitation plus respectueuse de l'environnement ».

Traduction par le médiateur :

« Devant le constat de la prolifération d'algues vertes dans les eaux bretonnes (O), vous êtes inquiets tant pour la santé des personnes que pour la préservation de l'environnement (S). Vous avez besoin d'espoir et de sécurité pour les générations actuelles et à venir en Bretagne (B). Vous vous demandez dans quelle mesure

[1] LÉRAUD (I.), VAN HOVE (P.), MATHILDA, *Les algues vertes : l'histoire interdite*, Delcourt, 2019.

cette pollution est liée aux modes d'élevage et agriculture de la région et quelle pourrait être l'action de chaque acteur (commune, agriculteur, bénévole, chercheur) pour endiguer cette pollution (D).

Les agriculteurs et éleveurs :
« C'est toujours nous qu'on accuse, alors que travail est difficile et indispensable parce qu'on nourrit les gens. On travaille beaucoup pour un salaire de misère, et on a aucune reconnaissance. Et vous nous mettez en plus sur le dos la responsabilité de polluer la Bretagne alors que nous aussi on aime cette région, on est autant breton que vous ! C'est simple, si vous continuez à nous traiter de pollueurs et d'empoisonneurs, on va tout casser ! »

Traduction par le médiateur
« Vous êtes en colère et blessés par ces accusations (S). Vous travaillez dur pour assurer les besoins de première nécessité des habitants de la région (O) et vous aimeriez avoir de la reconnaissance pour le métier que vous avez choisi (B). Votre travail vous laisse peu de repos et de loisir (O). Vous aimez aussi votre région et vous êtes soucieux de son avenir (S). Vous avez besoin de solidarité (B). Vous demandez une aide collective pour trouver un moyen de continuer votre activité, vous assurer des conditions de vie dignes tout en limitant l'impact sur l'environnement (D).

L'industrie agroalimentaire :

« La concurrence sur les marchés est rude vous savez, nous on essaie de proposer le meilleur prix pour les consommateurs. On doit penser à la fois au pouvoir d'achat des Français, à la concurrence internationale qui nous menace, à maintenir les milliers d'emplois dans notre filière. La pollution causée par les métiers du monde agricole n'est pas de notre responsabilité. Il existe des métiers non polluants d'autres qui nécessairement ont un impact sur l'environnement. On ne peut pas discréditer les métiers agricoles parce qu'ils impactent l'environnement, sinon que va-t-il se passer ? Ces métiers vont disparaitre en France et on devra s'approvisionner ailleurs et croyez-moi l'herbe est encore moins verte de l'autre côté de la planète ».

Traduction par le médiateur

« Vous êtes inquiets de la concurrence étrangère dans le secteur agricole (S), car elle menace fortement l'avenir de la filière agricole et l'emploi en France (O). Votre besoin est de maintenir une filière performante et compétitive (B). Le problème de la pollution relève selon vous des politiques publiques et ne doit pas être assumé par les professionnels. Votre demande est tournée vers le politique de prendre des mesures pour soutenir les agriculteurs (D).

Synthèse

La communication non violente propose une communication centrée sur le « je » ce qui évite tout jugement sur l'autre et apaise les discussions. Pour y parvenir, Marshall Rosenberg propose une méthode concrète de discussion reposant sur quatre points : ce que j'observe ; ce que je ressens ; ce dont j'ai besoin ; ce que je demande.

La CNV a sa place partout, dans tous les lieux de discussion, d'interaction entre des personnes différentes : ce qui inclut le couple, la famille, la relation au travail, les conflits de politique économique et publique, des partenariats économiques entre différentes entités ayant des intérêts différents, etc. L'universalité de la méthode est sans doute la source du génie de Marshall Rosenberg.

La CNV au tribunal

Le tribunal est un terreau de communication violente, car le juge reçoit les accusations des parties et statue sur les responsabilités civile, pénale, administrative de celles-ci. Le processus d'échange et le résultat sont par définition violents. Un magistrat qui pratiquerait la CNV pourrait régler en un temps record un conflit. Il lui suffirait de traduire en langage CNV les faits, sentiments, les besoins, les demandes de chaque partie.

III. L'intelligence multiple de Howard Gardner

La notion d'« intelligence » selon Howard Gardner

Aux termes de nombreuses années de recherche empirique et pluridisciplinaire dédiées au potentiel humain, Howard Gardner – Professeur de psychologie à l'Université de Harvard accompagné de toute une équipe de chercheurs de disciplines différentes – a découvert qu'il existe différentes formes d'intelligence pour acquérir des mêmes apprentissages. Au-delà des intelligences logico-mathématique et linguistique – formes d'intelligence les plus valorisées dans notre société[1] – il existerait d'autres formes de cognition (au sens de compétences) pour « résoudre des problèmes rencontrés, éventuellement en créant un nouveau produit efficace »[2]. Cette définition de l'intelligence est celle que l'auteur cherche à dépasser en montrant que certaines formes d'intelligence n'ont pas nécessairement vocation à résoudre des problèmes nouveaux. *Aussi préfère-t-il définir l'intelligence comme un « potentiel » ou savoir comment réaliser une action*[3]. L'idée de performance est tout à fait absente de cette approche de l'intelligence.

---

[1] et mesurables quantitativement à travers le test de Quotient Intellectuel

[2] GARDNER (H.), *Les formes de l'intelligence*, Odile Jacob, Poches, Psychologie, 2022, p.68.

[3] *Ibid.*, p.76 : notion qu'il explicite comme « une connaissance tacite de la manière d'exécuter une action ».

Cette théorie des intelligences multiples a de nombreuses applications pratiques, notamment dans le domaine de l'éducation, mais pas seulement, dès lors que nous sommes confrontés à un problème complexe et nouveau, la théorie de l'intelligence multiple montre que les potentialités humaines sont multiples et qu'il est possible de le résoudre en associant des aptitudes diverses qui jusqu'alors étaient mobilisées de façon cloisonnée. Décloisonner les formes d'intelligences pour envisager une situation nouvelle : telle est la leçon que nous pourrions tirer des travaux de ce grand chercheur. Appliquée à l'action de justice, mobiliser une intelligence multiple permet de comprendre toutes les dimensions d'un problème et de le résoudre en créant une solution sur mesure et pérenne.

Les intelligences utiles pour une résolution de conflit

Parmi les huit formes d'intelligence identifiées par le chercheur, certaines nous semblent particulièrement utiles à mobiliser pour une action de paix ou de résolution de conflit.

La première est à l'évidence « l'intelligence linguistique » qui ne désigne pas l'emploi du langage dans sa forme habituelle, mais dans une forme exacerbée. L'intelligence linguistique envisagée par le chercheur est celle du poète et de l'écrivain, qui manifestent une grande « sensibilité du langage »[1], exploitant les nuances subtiles de la langue, et leur

[1] *Ibid.* p.85.

permettant de toucher au sens convaincre, plaire, séduire, un public large. L'aspect rhétorique et explicatif du langage fait partie de l'intelligence linguistique.

Puis, viennent les deux intelligences personnelles qui permettent de se comprendre soi, de comprendre l'autre avec une acuité particulière parce qu'elles embrassent la dimension émotionnelle de l'existence. D'une part, il y a « l'intelligence intrapersonnelle » celle qui est tournée vers l'intérieur, suppose l'introspection et permet « d'atteindre une connaissance profonde de sa vie affective ». D'autre part, il y a « l'intelligence interpersonnelle » qui est une intelligence tournée vers l'extérieur permettant de décrypter, « les humeurs, tempéraments, motivations et intentions des autres »[1]. Le tiers, qu'il soit juge ou médiateur, s'il veut être dans l'action de résolution d'un conflit, aura besoin de mobiliser son intelligence interpersonnelle et intrapersonnelle pour bien comprendre à la fois ce qui se passe dans le for intérieur de chaque partie du conflit, et ce qui se passe en lui-même afin de préserver sa propre neutralité.

On citera également « l'intelligence existentielle » que l'auteur définit comme la recherche de la sagesse, la quête de sens. Ce prisme pourra aider le tiers, juge ou médiateur, à relier les personnes à travers leur réflexion sur la vie et l'existence de valeurs communes, qui transcendent les clivages d'intérêts pratiques.

---

[1] Pour définir ces deux intelligences, l'auteur explique s'être inspiré de la théorie psychanalytique de Sigmund Freud axée sur la « conscience de soi », qu'il désigne comme une clé de toute santé humaine.

Et enfin, nous citerons « l'intelligence logico-mathématique » qui réunit raisonnement et intuition. Si le conflit est appréhendé comme un problème complexe à résoudre avec plusieurs inconnues, l'intelligence logico-mathématique permet de déployer la force de l'intuition, de l'esprit de synthèse et la création de liens causalité entre les informations livrées dans les séances de travail pour trouver une solution. Cette forme d'intelligence est à nos yeux capitale pour exercer une mission de paix avec talent et perspicacité.

Annonce

À ce stade, il nous apparaît utile d'approfondir deux aspects de l'intelligence pour l'action de paix : la « compréhension des émotions » qui s'expriment dans tout conflit d'une part (A), « la créativité » qui nous apparaît être la finalité de toute forme d'intelligence et qui pourrait redonner un sens à la mission de paix de la justice étatique (B).

A. Qu'est-ce que l'émotion

Présupposé : l'intelligence rationnelle est nécessaire, mais non suffisante

Nombreux sont les penseurs, les philosophes, les savants ayant fait l'apologie de la Raison et discrédité le rôle des passions qui peuvent être à l'origine de bien des débordements dans les relations humaines. Le savoir, la réflexion, le raisonnement et la pensée divergente contribuent incontestablement à l'expansion de la connaissance et au progrès de la condition humaine.

Chacun est confronté dans son existence et sa vie professionnelle à des situations ou des problèmes complexes à résoudre, des choix difficiles à faire. L'analyse, le traitement rapide d'informations, le raisonnement, le bon usage du langage sont indispensables pour réaliser et cumuler les différentes responsabilités qu'un être peut endosser dans sa vie. L'origine latine de l'intelligence - *intellegere* renvoie d'ailleurs à la fonction cognitive « l'action de comprendre ». Comprendre est l'étape préalable indispensable avant de résoudre un problème auquel on est confronté. Alors pourquoi ressent-on ? Pourquoi la nature nous aurait elle aussi dotés de cinq sens ? comprend-on aussi par les sens ?

Si l'on croise les conclusions des neurosciences, de la psychologie et de la philosophie, on constate un consensus. Leurs représentants s'accordent sur un point : la dichotomie du fonctionnement cérébral humain. Nos comportements procèdent d'un dialogue entre ce que l'on comprend et ce que l'on ressent, entre le néocortex et les systèmes limbique et reptilien entre l'intelligence rationnelle et l'intelligence émotionnelle, entre la raison et l'émotion. Et tout être humain a besoin de mobiliser ses deux « systèmes » d'intelligence[1] pour prendre les meilleures décisions pour lui et ses proches dans son environnement

---

[1] KAHNEMAN (D.), Système 1, système 2 : les deux vitesses de la pensée », Essai, Flammarion, 2012.

(social, naturel, affectif...). Antonio Damasio médecin neurologue s'est intéressé au rôle des émotions dans les processus cognitifs. Il a notamment étudié les comportements de patients ayant subi une lésion frontale. Dans l'un de ces travaux, il cite l'exemple d'un patient nommé Eliott qui à la suite d'une opération du cerveau, montrait un contrôle émotionnel excessif ce qui l'empêchait de prendre de bonnes décisions pour lui-même et d'ajuster son comportement social. Son incapacité à ressentir et à exprimer ses émotions avait altéré son processus de raisonnement et sa prise de décision[1]. Aujourd'hui, on pourrait donc compléter la célèbre citation de Descartes, « je pense, donc je suis » par la formule, « je pense, et je ressens donc je suis ». À moins que l'auteur l'ait inclu dans l'action de penser propre à l'humain à travers sa référence au « bon sens, cette la chose la plus communément partagée »[2]. La notion de « bon sens » dépasserait alors l'usage de la seule raison faisant appel à cette autre façon de comprendre, d'appréhender le monde, plus intuitive et qui trompe rarement comme « ressentir ».

Mais ressentir ne suffit pas, c'est pouvoir expliquer ce que l'on ressent ou ce que l'autre ressent qui définit l'intelligence émotionnelle.

---

[1] DAMASIO (A.), *L'erreur de Descartes. La raison des émotions*, Odile Jacob, 2006, spé. p. 59-82.

[2] DESCARTES (R.), *Discours de la méthode*, GF Flammarion, 2016, p.29.

Qu'est-ce que l'intelligence émotionnelle ? Connaissance de soi, compréhension de l'autre

C'est cette intelligence qui ne s'apprend pas toujours dans nos écoles malheureusement, mais que nous apprend l'école de la vie. C'est l'intelligence qui sublime l'intelligence rationnelle et logique, celle qui est tant valorisée par notre monde occidental. Certains diront que « c'est l'intelligence du cœur » en pensant intérieurement que l'intelligence rationnelle est plus honorable, car elle mène au succès à la réussite, cette nouvelle « religion » sociétale. Les Orientaux et les peuples des sociétés holistiques diront que l'intelligence du cœur et de l'esprit permettent d'assurer la pérennité du groupe, là où l'intelligence rationnelle permet de préserver l'individu et de l'emmener haut et loin.

Aujourd'hui, nous avons la chance de pouvoir cerner cette aptitude humaine grâce à certains travaux de recherche en psychologie, notamment la thèse de Daniel Goleman[1]. *L'intelligence émotionnelle pourrait se résumer comme la science de l'empathie envers soi et envers les autres.* Elle désigne la capacité à comprendre l'autre, ce qu'il vit, traverse, ressent et va même jusqu'à deviner, pressentir ce qui l'apaiserait dans une situation inconfortable. L'auteur explique que cette gestion de l'autre suppose avant tout une grande maîtrise de soi et une grande empathie. Ainsi,

[1] GOLEMAN (D.), *Intelligence émotionnelle. Intégrale*, Éditions J'ai lu, 2014.

l'intelligence émotionnelle se manifeste souvent par une aisance relationnelle : cela suppose d'être bien avec soi-même d'être lucide sur soi-même, avoir conscience et accepter ses forces et ses limites, avec distance, humour et tendresse envers soi si nécessaire. Une telle aisance si elle est sincère, désintéressée - en ce qu'elle ne cherche pas à être dans la lumière mais à répandre cette lumière - est contagieuse. Être à l'aise met à l'aise.

Toute situation de conflit crée un inconfort. Cet inconfort est parfois palpable dans le comportement de certains médiés. Il peut être au contraire dissimulé par un « sur jeu » par d'autres. La sérénité du médiateur est importante et doit rester constante tout au long du processus. L'intelligence émotionnelle du médiateur va être mise à l'épreuve par de nombreuses situations courantes en médiation : des stratégies de séduction, d'intimidation ou des émotions explosives, des silences, des impasses dans les échanges. Là où certains pourraient être décontenancés par des réactions violentes, ou se protéger par des « jugements », le médiateur saura lire au-delà des apparences, en essayant de déchiffrer les émotions et les besoins non satisfaits plus ou moins enfouis chez les personnes. Ce qui inclut une capacité à accueillir sans jugement, à comprendre ce qu'il vit, les besoins ou « vérités sous-jacentes » aux mots qu'il exprime pour en tirer les mots vrais, justes et utiles à la sortie de crise.

L'intelligence émotionnelle suppose au préalable une bonne connaissance de soi : de ses propres fragilités, forces, raison d'être et de connaître et d'accepter ses propres limites. D'où vient cette connaissance de soi ? De l'expérience et de la conscience de sa propre intériorité.

Dans une situation de tension forte, l'intelligence émotionnelle va se manifester par une capacité à analyser rapidement ses propres émotions, savoir ce qui les déclenche, se reconnecter à son équilibre intérieur. L'humour : cet invité aussi inattendu que bienvenu permet non seulement de relâcher la pression, mais de relier les personnes : un rire commun est une émotion partagée.

Enfin, l'intelligence émotionnelle est la qualité recherchée chez les dirigeants de grands groupes, des leaders, c'est leur capacité à fédérer, prendre des décisions avec une certaine distance et décontraction qui inspirent confiance dans l'exercice de hautes responsabilités. Qui ne penserait pas à Barack Obama derrière un tel portrait ? Confier au médiateur une sortie de crise est une haute responsabilité : le médiateur doit en avoir conscience sans « trembler » devant la complexité de la tâche. Il ne tremblera pas s'il aborde le problème avec ces trois supposés :

1. Vivre ce qui doit être vécu pendant les séances
2. Faire confiance aux médiés et à leurs propres ressources
3. Faire confiance à ses propres ressources.

L'émotion : une réaction

L'intelligence émotionnelle sait décrypter les émotions. Bien évidemment, la justice étatique n'est pas étrangère aux émotions ; le procès est toujours le théâtre des passions humaines et offre une scène d'épanchement de la palette des émotions. L'effet cathartique de la libération des émotions, bien connu dans la tragédie grecque[1], existe aussi bien dans le procès que dans la médiation. À *la différence que, dans la médiation, l'expression des émotions est une étape recherchée du processus de transformation, car l'émotion est considérée comme une pièce maitresse de l'apaisement. Pourquoi ?*

Les émotions ne trompent pas. Contrairement aux mots, paroles qui peuvent dissimuler une intention sur autrui, les émotions sont nécessairement une expression de soi spontanée, sans intention quelconque. L'émotion est une réaction neurale et chimique qui est maintenant expliquée par les neurosciences. Elle serait une réaction à un évènement - *stimuli* - extérieur à soi (un mot, un geste de quelqu'un) ou intérieur à soi (une pensée, interprétation, perception d'une réalité) traité par notre système limbique (amygdale et hippocampe) qui déclenche la libération de certaines molécules agissant sur le système neural qui va *in fine* déterminer notre comportement[2].

Le lien entre émotion et comportement est important et renvoie à l'étymologie latine du mot :

---

[1] MORINEAU (J.), *L'esprit de la médiation*, Erès, Coll. Trajets, 2010 ; du même auteur : *La médiation humaniste, un autre regard sur l'avenir*, Erès, coll. Société-Poche, 2016.

[2] DAMASIO (A.), *Spinoza avait raison, Joie et tristesse, le cerveau des émotions*, Odile Jacob poches, Sciences, 2003, spé. p.65 s.

movere, mise en mouvement. Si l'on prend le temps d'observer ce qui se passe en soi lorsqu'une émotion nous traverse, que constate-t-on ? L'immédiateté. Qu'il s'agisse d'un rire à une histoire drôle, de larmes de tristesse à la suite du vécu, au récit d'une tragédie ou d'une grimace de dégoût, on constate que l'émotion succède à l'usage de nos sens et de notre pensée (interprétation, réception) en une vitesse dont nous n'avons pas conscience. Ce n'est qu'en prenant le temps de comprendre, d'analyser l'émotion qui vient de nous traverser que l'on peut en expliquer la genèse. *C'est un signal envoyé par notre inconscient pour attirer notre attention sur ce qui se passe en nous.*

L'émotion nous sauve parce qu'elle exprime ce qui a plus profond de nous, qui parfois échappe même à notre propre conscience et à notre lucidité. C'est ce qui explique que la peur garantit depuis toujours la préservation de l'espèce humaine puisqu'elle nous révèle les dangers qui peuvent nous mettre en péril. La peur est une réaction immédiate au danger qui nous le désigne. Le néo cortex va par la suite nous permettre de construire une solution, remède pour nous en prémunir.

Dans la médiation, l'émotion est un catalyseur de vérité : elle est le rouage du processus de paix, car les émotions permettent l'expression la plus authentique de ce que vivent les médiés. Si les médiés ne savent pas toujours « décrypter » leurs émotions ou même les identifier, le médiateur parce qu'il est extérieur aux parties, observateur neutre, va pouvoir les relever, les identifier, inviter les médiés à les « conscientiser » et les décrypter ensemble.

Dans la justice étatique, les émotions s'expriment inéluctablement en audience de cabinet ou audience de jugement, si les parties ne craignent pas de les exprimer, de les montrer au juge ou à l'autre partie. La compréhension de l'émotion est néanmoins différente dans les deux processus de justice : dans la médiation, l'émotion n'est en aucun cas l'expression d'une fragilité, mais d'un besoin non assouvi/assouvi, le médiateur sait l'interpréter sans connotation psychologique ou sociologique, l'émotion va l'aider à comprendre ce que vit le médié et ce dont il a besoin pour retrouver l'apaisement interne. Il va utiliser son intelligence émotionnelle pour traduire ces émotions. Dans la justice, l'émotion est une donnée propre à l'être humain, extérieure au droit dont la compréhension dépend des qualités humaines et psychologiques du magistrat, avocats. La traduction des émotions en besoins pourrait s'avérer utile pour formuler les demandes en justice avec plus de justesse.

L'émotion : un révélateur de besoins

Le passage de l'émotion au besoin est la traduction raisonnée de ce que l'on ressent. Cette étape de « traduction » est indispensable de pour profiter pleinement de notre vie émotionnelle, sans la subir. Avez-vous déjà fait l'expérience de nommer un besoin profond dont vous n'aviez même pas conscience ? c'est libérateur. Cet effort est décisif pour se connaître, se comprendre et alors se mettre en action pour ajuster son être à la vie qui nous est adaptée. Nos émotions montrent le chemin à suivre parce qu'elles peuvent traduire des besoins satisfaits ou non satisfaits. Dans la médiation, l'expression des émotions est cardinale, car elle annonce les ingrédients du futur accord de relation ou de non-relation. Toute la difficulté est de savoir les décrypter. L'intelligence émotionnelle du médiateur est essentielle d'abord pour les percevoir, les nommer et les « traduire » en besoins concrets qui peuvent nécessiter des « tentatives » pour s'approcher des besoins précis de chacun et éventuellement de les hiérarchiser. L'utilisation de jeux de cartes correspondant aux émotions et besoins peut aider les médiés à bien identifier les leurs[1].

Dans un conflit, tant que les personnes sont dans la réaction émotionnelle, il est difficile d'avancer pour le « purger », car chacun se croit victime de l'autre et donc refuse de reconnaître ou d'accueillir les émotions des autres. Chacun peut se focaliser sur les siennes. Le passage de l'émotion au besoin est éclairant pour tous les protagonistes du conflit. Chacun reprend la maîtrise de son action. Tandis que l'émotion est bien souvent subie, le besoin permet de revenir dans le réel, l'action concrète pour continuer son chemin personnel avec/à côté/ou sans les autres protagonistes du conflit.

Étonnamment, les échanges s'apaisent lorsque les besoins se clarifient : car il est plus facile pour chacun

---

[1] https://apcomm.fr/produit/lexpression-des-besoins/ ; https://apcomm.fr/produit/le-langage-des-emotions/

d'entendre les besoins concrets de l'autre plutôt que les émotions de l'autre. L'expression des besoins par chacun des médiés permet aussi qu'ils soient entendus par l'autre, du moins le médiateur y veillera, ce qui conditionne la reconnexion à l'autre, l'acceptation de l'humanité de l'autre et le déplacement interne des médiés.

Une fois les besoins cartographiés, la médiation peut travailler sur le « comment », le médiateur va alors faire « accoucher » les capacités de chacun pour les accompagner à coconstruire un avenir apaisé de leur relation ou de leur non-relation.

Synthèse

L'intelligence émotionnelle est une qualité du médiateur essentielle dans son rôle de maïeuticien de la vérité de chacun des médiés : faire accoucher les émotions et les besoins, puisque les solutions pacificatrices en découleront. Nul doute que l'intelligence émotionnelle est aussi présente dans les prétoires. Mais le monde du droit et de la justice est davantage symbolisé par une intelligence rationnelle, valorisant l'expertise. *Si l'on attend du juge qu'il dise le droit, qualifie les faits avec exactitude et applique le régime avec une certaine humanité ou souplesse, on attend du médiateur qu'il lise dans les personnes, devine leurs besoins et prononce des mots « libérateurs et réparateurs ». L'idéal pour la justice de demain serait de mobiliser ces deux formes d'intelligence.* Analyser est nécessaire pour comprendre l'heuristique de certains drames humains dont les juges sont saisis. Ressentir permet d'aller plus loin encore dans la réparation globale des personnes en conflit.

Au-delà de l'intelligence émotionnelle, le médiateur pourra puiser dans une ressource, dont on parle trop peu dans le monde juridique : la créativité.

B. La créativité : une qualité autorisée en médiation

Finalité créative de l'intelligence

Selon l'approche de l'intelligence d'Howard Gardner, la finalité de l'intelligence n'est pas seulement de comprendre ou de savoir, mais de savoir comment réaliser. Cette dimension de l'intelligence nous interpelle.

Créer c'est inventer ce qui n'existe pas en mobilisant ses propres ressources. Créer requiert un certain lâcher-prise et une connexion à la profondeur de son âme. La créativité est une ressource autorisée dans la médiation et même encouragée, ce qui est moins naturel dans la justice étatique[1], sauf à considérer le pouvoir d'interprétation du juge et son pouvoir prétorien - de créer du droit - lorsque la loi est silencieuse ou devenue obsolète.

[1] Art. 5 Cciv. « Il est défendu aux juges de prononcer par voie de disposition générale et réglementaire sur les causes qui leur sont soumises ». Le juge ne pouvant cumuler le pouvoir de faire la loi et de l'appliquer, conformément au principe de séparations des pouvoirs âprement défendu par les philosophes des Lumières et Jean-Jacques Rousseau.

La créativité du médiateur est d'une autre nature – moins intellectualisante –, mais plus pragmatique, ancrée dans une situation concrète et composant avec les contraintes du réel. Le champ des possibles pour relier les personnes en conflit est infini dans la médiation : le médiateur peut utiliser mille techniques et en inventer (aparté, déplacement sur lieux, jeux, schémas, lecture, etc.).

Bien sûr, la créativité du médiateur n'est pas sans borne : ses devoirs déontologiques et l'ordre public limitent ce champ des possibles. C'est la souplesse du processus qui permet au médiateur de « composer » et de créer un pont.

L'art du questionnement

Le médiateur a besoin de comprendre un peu, mais pas trop l'histoire du conflit. L'art du questionnement c'est de savoir manier la question avec délicatesse et curiosité. Ce qui implique de savoir doser les questions pour plusieurs raisons.

La première : respecter l'intimité des personnes. Il ne doit pas être curieux, il doit être « ouvert ». Ce qui suppose de distinguer l'utile et le non utile pour « sentir » les personnes, gagner leur confiance. Questionner pour montrer que l'on s'intéresse à la personne et à ce qui les amène à la médiation. Mais cet intérêt doit rester « en surface ».

La seconde : *ne pas intellectualiser le conflit. Le risque d'un questionnement trop intense, trop précis, rigoureux c'est de vouloir tout comprendre pour tout contrôler. C'est ce que fait le juge, il a besoin de connaître les faits, la réalité la plus complète de l'histoire. Cette « maîtrise » de la chose des parties qu'est le conflit est une marque de son pouvoir et de l'immixtion du juge dans l'histoire personnelle des parties. Ce n'est pas le cas du médiateur.* Il ne doit pas montrer qu'il contrôle et ne doit pas chercher à prendre le contrôle. Sa présence et son écoute doivent suffire à montrer son utilité, sa légitimité et sa grande humilité.

Questionner avec mesure, avec distance parfois respect de l'intimité et si cela est fait avec délicatesse, la question peut entrer dans la sphère de l'intériorité des médiés. Le médiateur peut même utiliser le questionnement pour sortir du sujet. Des questions en apparence « hors sujet » tel que « quel film avez-vous regardé au cinéma dernièrement ? quel livre avez-vous lu et aimé récemment ? » peuvent être utiles pour amener de la légèreté dans un dialogue conflictuel, pour relier les êtres en dehors de leurs différends et éventuellement semer une graine dans la relation future. Le médiateur doit savoir ce qu'il fait en posant chacune de ces questions. Il ne doit pas chercher à comprendre, il doit questionner pour faire accoucher ce que les médiés ont besoin de partager pour se libérer du conflit.

La « boîte à outils » de l'imaginaire propre au médiateur

La médiation n'est rien d'autre qu'un lieu de libération des potentialités de ces intelligences. Libre au médiateur d'aller puiser des pistes dans ses propres réserves, la richesse de sa personnalité, son vécu ou les vécus, son champ de connaissance global, ses divers savoirs faire et quelques outils simples qu'il aura pu expérimenter et qui auront fait leur preuve.

Faire l'inventaire de cette boîte à outils est impossible et sans intérêt. « L'outil » dont il est question n'est pas le code Dalloz du juge ou l'intelligence artificielle. Cela peut être une feuille et un simple crayon, un tableau avec un feutre, des images destinées à « élargir » la vue des personnes, un bon café et une boîte de douceurs pour mettre à l'aise, des jeux de cartes sur les émotions/besoins/valeurs pour aider les médiés à mettre des mots sur ce qu'ils vivent, quelques citations fortes et universelles de Confucius ou encore des articles de la Déclaration universelle des droits de l'homme, Convention européenne droits de l'homme ou de la Déclaration des droits de l'homme et du citoyen, un morceau de musique à faire écouter aux médiés... à chacun sa boîte à outils. L'important c'est de pouvoir y puiser mille idées qui aident à « accoucher » la vérité de chacun et qui provoquent des points de rencontre entre les médiés pour imaginer un avenir apaisé.

L'Art et la beauté

L'Art n'est-il pas le médiateur par excellence ? L'expérience de la beauté peut créer des ponts universels, bien au-delà des différences sociales, intellectuelles, culturelles, religieuses, clivantes. L'Art fait appel au ressenti et la nature sensible de l'être humain, or cette nature est commune à tous. Il y a des chefs d'œuvre qui traversent les frontières du temps et de l'espace non pas parce qu'ils réalisent un idéal esthétique défini par des codes académiques, mais parce qu'ils pénètrent le public instantanément, via les sens (vue, ouïe, toucher) désactivant toute analyse. Le beau réveille la beauté de chaque être humain. Faire l'expérience du beau nous relie à la beauté qui est en nous. En cela, l'Art est un pont puissant non seulement entre le « moi apparent » et le « moi profond », mais aussi entre tous les humains, quelle que soit leur histoire de vie. L'humain aspire au beau et la beauté apaise. C'est pourquoi l'Art peut être un vecteur de paix.

Conclusion

Une intelligence multiple au service d'une compréhension globale de l'être humain peut être utile pour comprendre les « ficelles » d'un problème, conflit, désordre, drame, complexe.

Ouverture. Hypersensibilité : force, faiblesse ou acuité ?

On remarquera, non sans étonnement, que les moyens du processus de médiation ne sont pas d'ordre juridique. La plupart des « moyens » du médiateur sont issus des travaux et des découvertes en psychologie : écoute active et non-jugeante, la communication non violente, l'intelligence émotionnelle, la créativité… ainsi, la résolution amiable d'un conflit humain n'utilise pas seulement la logique, le raisonnement, la rationalité, le savoir, mais des aptitudes plus englobantes qui intègrent la sensibilité humaine. C'est d'ailleurs l'expression de cette sensibilité propre à chaque médié qui permettra à la paix de s'installer dans le cœur de chacun pour imaginer l'avenir de la relation ensemble ou séparément, mais de manière consciente, voulue, acceptée par chacun.

Alors, pour accueillir la sensibilité de l'humain, le médiateur doit-il être doté d'une sensibilité singulière ? Une grande sensibilité peut être un 6e sens, lui permettant de « ressentir » avec acuité les pièces du puzzle, leur articulation. La perception des signaux faibles, la captation du langage para verbal, l'intuition de certaines pistes à explorer pendant le processus de médiation menant au chemin d'apaisement. L'hypersensibilité est une manière singulière d'appréhender le monde avec intuition, rapidité qui concilie logique et ressenti[1]. Nul doute qu'elle peut être source de talent dans les missions de paix. Deux conditions nous paraissent préalablement nécessaires : 1. en avoir conscience 2. avoir trouvé en soi « les clés » pour revenir à l'état d'équilibre rapidement, chaque fois qu'il aura été déstabilisé. Sans cela, le médiateur ne pourra pas offrir cette force aux autres. Et si les larmes coulent lors d'une séance d'écoute parce que le médiateur ressent la souffrance d'un des médiés, qu'il ne les craigne pas ; les larmes ne compromettent nullement ses devoirs déontologiques de neutralité et d'impartialité. Que les larmes coulent et que le médiateur ose exprimer sa sensibilité qui n'est pas une fragilité, mais une résonnance à l'altérité, signe d'une profonde humanité.

---

[1] MIDAL (F.), *Suis-je hypersensible ? Enquête sur un pouvoir méconnu*, Flammarion, 2021.

Partie 3. LES EFFETS

Avant-propos : l'absence de sanction, absence de violence institutionnelle

La conséquence naturelle de l'absence de pouvoir du médiateur réside dans l'absence de sanction. Le médiateur ne peut pas prononcer de mesure qui limiterait les droits et libertés fondamentales des médiés, parce qu'il n'a aucune habilitation légale pour le faire. Les médiés n'ont donc rien à craindre de la médiation, puisqu'elle ne peut rien leur « ôter » sans leur consentement. Le libre arbitre des médiés est préservé du début à la fin du processus, ils sont maîtres de ce à quoi ils s'engagent envers l'autre. La sanction juridique est un sujet que nous avons exploré de près dans nos précédents travaux[1]. En étudiant d'une part la faute lucrative comme comportement asocial d'un *homo economicus* (ses causes psychologiques et les failles juridiques) et d'autre part la nécessaire réaction du droit pour empêcher que l'auteur ne tire profit de son délit et le détourner de son projet délictueux, nous avons été loin dans les capacités dissuasives de la sanction notamment grâce à l'éclairage du mouvement *Law and economics*[2]. Mais la machine judiciaire est

---

[1] FOURNIER DE CROUY (N.), *La faute lucrative*, Economica, coll. Rech. Jurid. 2018.

[2] L'analyse économique du droit est un courant doctrinal issu de l'école de Chicago qui propose d'étudier la manière dont une règle de droit oriente le comportement d'une catégorie d'individus et dans quelle mesure elle atteint ses objectifs sans être détournée, contournée ou mise en échec par ces mêmes individus. Ce courant propose donc une

d'une telle puissance que si l'on déploie son efficacité procédurale et substantielle, elle peut littéralement détruire un humain, un système humain[1]. Fort de ce constat, se relier à une voie douce, coopérative et pacificatrice devenait indispensable, dans mon chemin de chercheure, pour imaginer le monde et la justice humaine autrement, en mobilisant davantage les potentialités altruistes de chaque être humain.

Or, en droit, la « sanction » revêt un sens particulier puisque c'est la conséquence d'un manquement à une règle de droit, qui peut être répressive ou seulement réparatrice[2]. « Sanction » vient du latin *sanctionare* qui signifie « rendre effectif » la valeur sociale protégée par la règle de droit. La sanction juridique désigne « toute réaction du droit à une violation de la règle juridique »[3]. Aussi le juge est naturellement investi du

---

approche conséquentialiste du droit, affiliée au réalisme juridique. C'est la raison pour laquelle, certains auteurs ont pu comparer l'analyse économique du droit à « un prisme par lequel le droit peut être refondé ». Pour aller plus loin : Makaay E., « La règle juridique observée par le prisme de l'économie : une histoire stylisée du mouvement de l'analyse économique du droit », *RIDE*, 1986, p. 43 et suiv. Sur la fonction dissuasive du droit face aux comportements non *compliant* : HOLMES O.W. Jr, « The path of the law », *in* Harvard Law Review, 457, 1897.

[1]FOURNIER DE CROUY (N.), « L'affaire du Mediator est une faute lucrative », *in Mélanges en l'honneur de Frédéric Stasiak*, Edulor, 2023.

[2] CORNU (G.), « Vocabulaire juridique » Association H. Capitant, quadrige, PUF 15e édition.

[3] CHAINAIS (C.), FENOUILLET (D.), « Le droit contemporain des sanctions, entre technique et politique », *in* « Les sanctions en droit contemporain », vol. 1, La sanction, entre technique et politique, Dalloz, Mission Droit et Justice, 2012, spéc. n°13.

pouvoir de prononcer la sanction prévue par les textes. Notre système juridique reconnaît une palette de sanction d'une gravité variable entre les sanctions civiles, sanctions pénales, sanctions administratives. Toutes ont ceci en commun qu'elles sont prononcées indépendamment de la volonté du destinataire de la sanction, sauf exception (travail d'intérêt général qui a ceci de paradoxal qu'il est encore trop peu utilisé en France en dépit d'une philosophie à encourager). Or, pour l'heure la sanction juridique est idéologiquement pensée comme « un « mal « à infliger ou une interdiction de faire, proportionnelle au mal provoqué à la victime ou à la société », elle est ainsi teintée de négativité et tournée vers le passé.

La médiation nous invite à repenser structurellement la sanction juridique comme conséquence d'un manquement à une obligation juridique : sanction comme « mieux-être » ou « mieux faire » pour soi et pour l'autre, une « sanction altruiste »[1], une mesure positive et tournée vers l'avenir. *L'intention est alors fondamentalement différente : il n'est plus question de « prendre à l'un pour donner à l'autre », mais « d'accompagner l'un pour offrir à l'autre ce qu'il peut donner pour le réparer ».*

---

[1] RICARD (M.), SINGER (T.), *Vers une société altruiste. Entretiens avec le Dalaïi-Lama*, Pocket, Allary Editions, 2015, spé. p. 165 : « sanctions altruistes » envisagées par le Professeur Enrst Fehr Directeur du département d'économie à l'Université de Zurich pour convertir un acte égoïste et résoudre des problèmes sociaux à travers la création de *biens communs*.

Annonce

Dans ce troisième et dernier temps, nous examinerons les effets de la médiation. Si l'effet recherché avant tout est « d'apaiser » les personnes pour restaurer leur paix intérieure (I), l'effet créé n'est autre que « réparer » non pas les dommages, mais les personnes et les systèmes humains (II).

I. L'effet recherché : apaiser les êtres avant tout

Identifier la(es) blessure(s) crée(s) par le conflit

Il arrive que le conflit réveille une blessure ancienne. Chacun dans son chemin de vie connaît des difficultés, parfois des drames et des joies profondes. La peine laisse une trace qui cicatrise plus ou moins vite. La joie rappelle que la vie mérite d'être vécue malgré tout. Lise Bourbeau identifie cinq blessures universelles[1] : trahison, rejet, abandon, humiliation, injustice qui peuvent rejaillir à tout moment de l'existence lorsqu'elles sont activées par un évènement, des mots extérieurs, etc. tant qu'elles ne sont pas guéries. Or, la première étape de la guérison selon l'auteure est la prise de conscience[2] : avoir conscience qu'il y a dans notre existence un évènement qui a fait naître l'une de ces blessures et qu'on la porte en soi. La deuxième étape découle de la première, mais peut prendre du temps : c'est l'acceptation. Elle est clé dans le processus de transformation et de guérison. Accepter ce n'est pas seulement se le dire à soi-même, c'est aussi accepter de ne plus la dissimuler et de ne plus porter le masque qui la cache. C'est le chemin de guérison décrit par l'auteure.

---

[1] BOURBEAU (L.), *Les cinq blessures qui empêchent d'être soi-même*, Pocket, Editions, ETC, 2000.

[2] BOURBEAU (L.), *La guérison des cinq blessures*, Pocket, Editions, ETC, 2021.

Les réactions à ces blessures ne sont pas toujours comprises par les personnes concernées. Elles attribuent la responsabilité de la réaction à celui qui a déclenché la blessure. Ainsi peut naître un conflit avec autrui. On peut ainsi faire le lien entre la naissance d'un conflit et ces cinq blessures universelles : il suffit d'un mot, pour que la blessure enfouie rappelle à son hôte qu'elle n'est pas guérie.

Libérer les vérités existentielles des personnes en conflit

Le conflit fait partie des relations humaines. À l'occasion de l'inauguration des Assises sur la médiation à Strasbourg[1], Béatrice Blohorn-Brenneur l'une des pionnières de la médiation en France et en Europe, disait que « le conflit était une chose formidable » et encourageait le public et la conscience collective à transformer son regard sur le conflit. À titre personnel, j'ai mis du temps à comprendre pourquoi c'était une chose si formidable, moi qui depuis toujours n'aime pas le conflit et dépense beaucoup d'énergie à créer du consensus et du lien autour de moi. Et puis, j'ai fini par expérimenter la raison décrite par Madame Blohorn-Brenneur : en effet, *le conflit peut être un révélateur de vérités existentielles, il peut devenir une opportunité pour mieux se connaître.* Mais une telle leçon sur soi est le résultat d'une démarche d'introspection et d'humilité, ce qui n'est

---

[1] IX Assises internationales de la Médiation, Célébration des 20 ans du GEMME, Strasbourg, Conseil de l'Europe, 25 et 26 mai 2023.

pas toujours une voie facile et demande du temps. En effet, le conflit entraîne presque nécessairement la survenance d'émotions inconfortables (colère, peur, déséquilibre, etc.). Or ces émotions pourraient être une alerte de notre inconscient, notre monde intérieur, qui nous envoie un message : « je me sens en insécurité, je ressens la volonté de domination de l'autre, je sens que son jugement ne correspond pas à ce que je suis vraiment il est réducteur, etc. ». Si une personne prend le temps d'accueillir l'émotion qui la traverse pour la décrypter, elle pourra sans doute découvrir une vérité existentielle « la peur ou la fuite suscitée par la domination exercée par quelqu'un peut montrer à son hôte son attachement aux valeurs de coopération, d'altruisme ou d'écoute respectueuse ». Ainsi, l'exprimer lui permettrait de « réajuster » le dialogue, la relation. *Cette prise de conscience permet d'être en paix en soi-même, condition préalable nécessaire pour rétablir un lien sécurisant avec autrui.*

Si les personnes concernées sont capables de faire cet examen de conscience au moment où le signal de leur monde intérieur est envoyé et de faire un choix libre et éclairé avant d'agir ou de réagir, les conflits joueraient leur rôle vertueux de révélateur de vérités existentielles et d'ajustement des relations.

L'effet libérateur de l'expression de soi

Pouvoir dire sa vérité sans être jugé apaise : c'est toute la démonstration des travaux et de l'expérience clinique de Carl Rogers. Accompagner le médié dans l'expression de son intériorité est une étape importante dans le chemin de paix intérieure. Il est tout à fait étonnant de découvrir que cet espace de parole « curative » existe dans toutes les formes de justice transitionnelle dans le monde.

C'est pour répondre au besoin d'écoute des récits, des blessures psychiques et physiques et des conséquences sur les vies des personnes victimes d'actes de pédophilie dans l'Église, que la Commission indépendante sur les abus sexuels dans l'Église (CIASE) a été créée[1], en parallèle des procédures pénales menées devant la justice étatique. Récemment, à l'occasion d'un procès hors du commun, la justice étatique a fait l'expérience de l'effet réparateur de l'écoute des victimes : le procès des attentats terroristes de novembre 2015 à Paris[2]. L'écoute inconditionnelle, incluant le récit, l'expression des émotions présente cette vertu d'accueillir la souffrance et d'humaniser la justice. En écoutant la souffrance des autres, les victimes sont aussi invitées à sortir de leur intériorité pour développer une forme de solidarité réparatrice. Même le récit des prévenus a permis de prendre la mesure de l'humiliation vécue par certains membres de la communauté musulmane en Europe et dans le monde arabe face à l'expansionnisme des valeurs

---

[1] CIASE, Rapport final, Les violences sexuelles dans l'Eglise catholique France 1950-2020 en ligne.

[2] LEFRANC (S.), « Réparer le terrorisme », *in* Justice ou réparation, Esprit, mars 2024, n°507, p.63-74 : « si l'on donne à l'expression des souffrances des victimes une vertu réparatrice, le procès des attentats de novembre 2015 a été incontestablement réparateur ».

occidentales[1]. Cela n'excuse pas, mais cela humanise. Cet effet thérapeutique de la libération de la parole est inspiré des Gaccaca africaines mises en place après le génocide au Rwanda et des Commissions de vérité instaurées en Afrique du Sud après l'arpatheid[2]. Dire ce qu'on a subi, le chemin qu'on a dû traverser pour essayer de tenir debout, sans être interrompu, jugé, contredit par les parties adverses ou leurs avocats, produit en soi un effet apaisant et annonciateur de la restauration de sa propre dignité et de la réparation de son être. C'est un début nécessaire de processus de restauration, mais non suffisant. Car la vraie action réparatrice est celle choisie par chacun des acteurs du conflit, pour se restaurer soi et/ou restaurer le système à travers lequel le drame s'est produit.

---

[1] LEFRANC (S), WEILL (S.), « Le procès V13 comme expérimentation judiciaire : entre justices pénale et transformative », Les cahiers de la justice, vol. 1, 2023, p.41-57.

[2] LEFRANC (S.), Comment sortir de la violence ? Enjeux et limites de la justice transitionnelle, Paris, CNRS ÉDITIONS, 2022 ; BLOHORN-BRENNEUR (B.), *Sagesses du monde et médiation. Sources philosophiques*, L'Harmattan, 2022, p.103 s.

II. L'effet créé : réparer les êtres et les systèmes humains

La réconciliation avec l'autre n'est pas le but du processus

Cela peut paraître paradoxal, mais la médiation ne cherche pas à réconcilier les médiés. À la vérité, c'est ce « non-but » qui en fait un processus pragmatique et non pas idéalisé, un processus qui accepte la fragilité humaine et ne compte pas sur la capacité de chacun à pardonner. *Parfois, le pardon n'est pas possible, du moins à court terme, et cela reviendrait à une violence infligée à soi-même que de chercher à pardonner à l'autre.* À moins de laisser au temps faire son œuvre. Au mieux, la médiation peut aider à comprendre le comportement de l'autre, ce qui peut atténuer la haine que l'on porte à l'autre. En cela, la médiation est un processus moderne laïque et profondément humaniste.

Le film « Ne montrez pas vos visages » de Jeanne Herry en donne une illustration forte et juste notamment à travers l'histoire d'inceste entre un frère et une sœur pendant leur enfance. À la sortie d'emprisonnement du frère, la sœur craint de le croiser par hasard dans la ville qu'ils habitent tous les deux. Pour éviter cette situation, elle entre et propose à son frère d'entrer dans un processus de médiation pour définir ensemble les conditions d'heure et de lieux de fréquentation dans la semaine pour éviter une rencontre. Mais le processus suppose qu'ils entrent en contact, avec l'accompagnement de la médiatrice. Ici, le but du processus n'est pas le pardon, mais bien de définir les conditions pour ne pas se croiser, un accord pour une non-relation. Inévitablement pour construire cet accord, l'un et l'autre devront se « revoir », se parler et accueillir la vérité relatée de chacun, ce qu'il a traversé, les sentiments de trahison, de peur, les pièges psychologiques dans lesquels ils sont tombés dans leur enfance. L'humanité exprimée par chacun est des plus authentiques. La sœur ne donne pas son pardon, car elle a besoin de se reconstruire d'abord : c'est un besoin vital. Le frère accueille, comprend que la peine d'emprisonnement qu'il a purgé n'a pas réparé sa sœur. Lui aussi a besoin de se réparer, d'accepter les pièges dans lesquels il est tombé enfant. Cette scène bien qu'elle soit une fiction du cinéma sonne avec beaucoup de justesse, et on ne peut être que profondément touché par l'humanité de ces deux personnes, leur fragilité et en même temps leur envie de vivre une vie heureuse malgré les ombres du passé.

La médiation peut donc aboutir à un protocole d'accord posant le cadre d'une non-relation. En revanche, la médiation opère une réconciliation avec soi-même.

La réconciliation avec soi-même est l'un des buts de la médiation

Libérer la parole en sachant qu'elle va être accueillie et accompagnée jusqu'à formuler les vérités existentielles de chacun des médiés pour qu'elle soit d'abord entendue et accueillie par le médiateur, mais aussi par les autres médiés conduits à une réconciliation avec soi-même. Libérer la parole vraie peut chasser des sentiments de honte et de culpabilité liés aux évènements qui ont causé les blessures, notamment lorsque les premiers mots se sont heurtés au déni, au silence. Le rapport de la CIASE montre combien le silence contraint et l'oubli traumatique ancrent la blessure et empêchent de trouver la paix intérieure[1]. Oser parler de ce qui a de plus profond en soi, d'exprimer les tiraillements, permet de comprendre le chemin de vie mené, ses peines et de les accepter. Et enfin, la réconciliation intérieure peut opérer. Cet effet créé est l'un des signes que la médiation a en partie réussi.

Réparer tous les acteurs du conflit : tous sans exception

Dans un conflit, il y a autant de victimes – au sens de personnes impactées et déstabilisées – que de protagonistes. *La médiation et les processus de justice restaurative ont ceci de remarquablement nouveau qu'ils visent à « réparer » aussi bien l'auteur de l'acte dommageable que la victime de celui-ci, sans discrimination*[2]. La recherche

---

[1] GARAPON (A.), BELRHALI (H.), « Réparation des victimes de violences sexuelles dans l'Église : le laboratoire de la Commission Reconnaissance et Réparation », *Recueil Dalloz* 2023 p.654 ; https://www.ciase.fr/rapport-final/.

[2] CIASE, Rapport final, Les violences sexuelles dans l'Eglise catholique France 1950-2020 en ligne p. 354 : au titre des recommandations figure la possibilité pour les prêtres de se faire accompagner « Il conviendrait d'indiquer aux prêtres que des consultations médicales spécialisées sont possibles en cas de tendances pédophiles, même en l'absence de tout passage à l'acte ».

de responsabilité des actes de chacun n'est pas un but de la médiation, contrairement au procès qui départage les responsabilités individuelles (civile, pénale, administrative). Et c'est précisément l'absence de cette « étiquette » qui libère la parole et permet à chacun de dire « sa vérité » sans craindre la foudre juridique et moralisatrice. La médiation recherche les liens de causalité entre les actes et les personnes et va donc jusqu'à reconnaître que l'auteur de l'acte dommageable lui aussi a une souffrance intérieure légitime : car il a été victime de lui-même, de sa propre défaillance, de son propre système. *La médiation autorise l'idée qu'il a autant besoin de se réparer que la victime du crime. Et c'est là une chose véritablement innovante dans la pensée du droit et de la justice.*

Reconnaitre l'état de chacun, reconnaître que chacun souffre, y compris celui qui a par son aveuglement a causé un tort à la victime est coupé de sa propre intériorité, de même que celui qui a extériorisé la violence par les mots ou les gestes, parce qu'il a perdu le contrôle de lui-même, il a agi sans libre arbitre, sans conscience de ce qu'il vivait en lui et ce qu'il faisait vivre à l'autre par ses mots et ses gestes.

Réparer prend alors un tout autre sens, que celui que le droit de la responsabilité civile lui attribue[1] : il ne s'agit plus de réparer un dommage – même si cet effet peut constituer l'une des clauses du protocole d'accord, mais de réparer la dignité de chacun.

---

[1] Art. 1240 C.civ.

Réparer les êtres et les systèmes humains : « restaurer la dignité humaine »

La réparation dont il est question dans les processus de médiation et de justice restaurative prend un tout autre sens que celui que lui attribue le droit et la justice étatique. C'est une réparation qui dépasse le sens du droit. Elle vise la restauration de la dignité humaine. Cette réparation pourrait puiser sa juridicité dans la « réparation en nature », du droit de la responsabilité civile, modalité de réparation encore trop peu utilisée, bien qu'elle soit préconisée en priorité en matière de préjudice écologique[1]. Cette forme de réparation viserait le rétablissement de l'intégrité, de la dignité de chacun. Cela suppose de rétablir chacun dans la pleine conscience de soi, la maîtrise de ses comportements. En cela, la « réparation de la dignité » peut prendre une forme infinie.

Et parce que ces formes de justices sont dites « holistiques », elles prennent aussi en compte la place des personnes dans l'institution ou le groupe social dans lequel le conflit est né. En cela, la réparation englobe les personnes et les systèmes humains et s'intéresse plus aux causes qu'aux actes. C'est une réparation restaurative et préventive à la fois. Là où la réparation juridique au sens classique est tournée vers le passé pour compenser, effacer, une perte, un manque. La réparation au sens de la médiation est essentiellement tournée vers l'avenir des personnes et des systèmes qu'elles incarnent.

---

[1] Art. 1249 C.civ.

Ainsi, l'issue d'une médiation ou d'un processus de justice restaurative peut aboutir à des mesures de réparation en nature, des mesures symboliques, des mesures systémiques. *Toutes ces mesures sont la traduction concrète des besoins exprimés pendant le processus qui vont permettre à la fois de reconnaître la blessure* – et le lien causal avec le comportement qui l'a provoquée – et de la « panser » ou l'empêcher à l'avenir.

Les indemnités

Le premier type de mesures que peut prévoir un protocole d'accord relève de la réparation au sens littéral, qui est assez proche du sens juridique : réparer signifie remettre en l'état d'équilibre initial, retour au *statu quo ante.* Le besoin de justice ou de retour à l'équité des médiés peut donc se matérialiser par une demande de versement d'indemnités, destinées à « compenser » certains préjudices causés par le conflit. Mais ne surestimons pas le pouvoir « réparateur » de l'argent. Si le versement de dommages et intérêts compensant une perte subie ou un gain manqué reste pertinent dans des contentieux économiques où les divers manquements à une obligation légale ou contractuelle provoquent essentiellement des préjudices économiques, il a ses limites pour les autres types de dommage. Or la classification de dommages réparables s'est considérablement enrichie au gré de l'évolution de la jurisprudence. La dichotomie dommage patrimonial et extrapatrimonial fait place aujourd'hui au dommage corporel, au préjudice écologique qui se déclinent en une multitude de postes de préjudices identifiés par des experts dans des nomenclatures[1]. Et le préjudice moral quant à lui s'est considérablement déployé[2], ce qui montre bien que la justice étatique est à l'écoute des souffrances des victimes et les reconnaît. Mais l'argent ne répare pas - au sens de la restauration de la dignité - ces préjudices, seulement les conséquences patrimoniales de ces atteintes au Vivant.

Pour la victime d'une violence physique/psychique, si l'on prend le préjudice de « souffrances endurées » la restauration de la dignité pourrait consister en un accompagnement thérapeutique temporaire pour se réparer soi-même, qui néanmoins doit pouvoir être financé. Les médiés pourraient donc convenir du versement d'une somme forfaitaire destinée à financer cette prise en charge médicale et paramédicale pour le mieux-être de la personne abîmée. C'est d'ailleurs l'une des préconisations du rapport de la CIASE. On notera dans le rapport intégral de la CIASE, que bien souvent les personnes victimes n'ont pas demandé le versement d'une somme, ou pas pour elle-même mais pour une cause. De même le procès V13 et l'indemnisation des victimes de l'attentat de Nice ont montré les effets pervers de la « marchandisation » des larmes à travers l'indemnisation standardisée par le Fonds de garantie

---

[1] DINTILHAC (J.-P.), « Rapport du groupe de travail chargé d'élaborer une nomenclature des préjudices corporels », en ligne sante.gouv.fr ; NEYRET (L.) MARTIN (G.-J.) (dir.), *Nomenclature des préjudices environnementaux*, LGDJ, 2012.

[2] KNETCH (J.), « La désintégration du préjudice moral », D. 2015, p.443.

des actes de terrorisme et autres infractions. Ainsi, pour obtenir une indemnisation « optimale », les victimes étaient invitées par les avocats à utiliser des mots techniques, précis, ôtant à leur récit toute authenticité et tout effet de catharsis[1].

On en déduit que ces indemnités compensatrices n'ont qu'un rôle symbolique dans le processus de restauration de la dignité et ne peuvent ne suffirent à elles même. La réparation n'est qu'une fiction, car rien ne peut effacer une blessure[2]. La réparation peut toute au mieux « compenser » la douleur, la perte, le manque, tous les préjudices. C'est le sens du principe de réparation intégrale qui irrigue la responsabilité civile. C'est nier qu'il y a mille façons de restaurer l'équilibre psychique ou psychologique d'une personne. Pour l'heure, le droit a trop peu exploré la réparation au sens restauration, et se contente de réparer « par équivalent » une douleur psychologique. On indemnise parce que l'on ne sait pas réparer autrement[3]. Mais c'est oublier que des mots ou des actes altruistes et solidaires peuvent avoir cette fonction de réparation profonde.

Les mots réparateurs

Certains mots peuvent guérir. Qui n'en a pas fait l'expérience ? Parfois, on les reçoit à un moment X

---

[1] LEFRANC (S.), « Réparer le terrorisme », *op.cit.*, spé. p.69.

[2] FOURNIER DE CROUY (N.), Propos Introductifs, *in* Intensification de la fonction normative de la responsabilité civile, colloque Faculté de droit Metz, *Lexbase revue de droit privé*, 11.06 2020, n°827.

[3] DELAHOUSSE (M.), *Le prix de nos larmes*, l'Observatoire, 2022.

sans en mesurer la signification profonde, mais notre inconscient se chargera de nous en renvoyer la signification à moment Y, lorsque nous serons aptes à en comprendre le sens « réparateur ». Parfois, ces mots sont réparateurs de manière immédiate.

Dans le film de Jeanne Herry, les mots d'un des braqueurs réparent les angoisses de cette femme victime d'un braquage, en les annihilant, en les privant d'objet. Elle expliquait qu'elle craignait les représailles de son agresseur, cette peur la hantait. Cet évènement avait ébranlé sa vie. À cela, le braqueur répondait que sa peur n'était pas logique parce que c'est justement le braqueur qui pouvait craindre qu'elle le reconnaisse et se venge, lui-même ayant vécu une telle situation. On sent que les mots sincères, logiques et authentiques du braqueur ont un effet libérateur et curatif de la peur de cette jeune femme. Pour les blessures psychiques, aussi appelés dommages moraux, les « mots justes » peuvent avoir un effet réparateur puissant.

Les mesures systémiques ou réparations en nature altruiste

Dans une médiation, tous les médiés peuvent avoir une action systémique pour préparer la sortie de crise, ou prévenir la rechute. Tous les médiés sont liés par des relations de cause à effet. Chacun peut donc selon son positionnement et ses capacités d'action modifier la structure de l'entité où a lieu le conflit, pour prévenir une rechute. C'est l'approche systémique de la sortie de crise. Les mesures sont infinies puisqu'elles dépendent du cas, elles sont destinées à réparer les failles d'un système humain.

Recensons et imaginons quelques mesures :

CAS 1 : Pédophilie dans l'Église. Dans le rapport de la CIASE, une série de préconisations pourrait être qualifiée de « systémique » en ce qu'elle vise à combler la faille du système institutionnel de l'Église pour une meilleure prise en charge en interne[1]. Il s'agit du « processus de traitement des cas détectés de pédophilie au sein de l'Église ». Ce type de mesure renvoie aux processus d'audit mis en place dans les entreprises pour gérer les risques. De telles mesures systémiques peuvent être également être utilisées pour prévenir des risques environnementaux ou des risques de violation de droits humains au sein d'organismes publics ou privés.

CAS 2 Santé publique : Affaire du Médiator. Dans cette affaire, les Laboratoires pharmaceutiques ont menti sur la composition et la dangerosité d'un médicament, pour optimiser sa commercialisation et donc le chiffre d'affaires lié à sa vente. Précisons que ce médicament était destiné aux personnes souffrant d'obésité et de diabète : il était commercialisé comme un antidiabétique (et donc remboursé par la sécurité

---

[1] CIASE, rapport final, Les violences sexuelles dans l'Eglise catholique France 1950-2020 en ligne p. 354 : « Il conviendrait d'indiquer aux prêtres que des consultations médicales spécialisées sont possibles en cas de tendances pédophiles, même en l'absence de tout passage à l'acte ».

sociale) et était prescrit par les médecins hors AMM comme coupe-faim. Il a été finalement retiré du marché suite à une vague de valvulopathie mortelle qu'il a provoquée. La justice administrative a prononcé la dissolution de l'AFSSAPS ancienne autorité de régulation du médicament à cause des divers conflits d'intérêts ayant altéré la pharmacovigilance : une telle mesure pourrait être qualifiée de « systémique ». La justice judiciaire a prononcé des sanctions civiles de réparation des divers préjudices des victimes ainsi que des sanctions pénales à l'encontre des responsables, personnes physiques et morales, telles que peines d'emprisonnement (sursis ou ferme), amendes à plafond fixe et confiscation en valeur du produit de l'infraction (correspondant au chiffre d'affaires lié à la vente du Mediator). Une mesure systémique « restaurative » consisterait à proposer aux responsables d'offrir une prise en charge individuelle de chaque victime pour un coaching nutritif, sportif, psychologique pour sortir de l'obésité. Une telle mesure est restaurative à plusieurs niveaux pour les victimes de la tromperie tant d'un point de vue de leur intégrité physique et psychique que pour les responsables qui sont alors amenés à réaliser pleinement leur mission de santé publique[1].

CAS 3 Droit du travail : Affaire Deliveroo. Dans cette affaire, la justice judiciaire a reproché à Deliveroo France de ne pas avoir déclaré le travail des livreurs

---

[1] FOURNIER DE CROUY, « L'affaire du Mediator est une faute lucrative », *in Mélanges en l'honneur de Frédéric Stasiak*, Edulor, 2023.

Deliveroo. La société a été condamnée du chef de l'infraction de travail dissimulé au paiement d'amende, au paiement des cotisations sociales éludées et le statut de travailleur indépendant a été requalifié en contrat de travail. Dans cette affaire, une réparation en nature restaurative ajustée au contexte de la fraude pourrait être : « Obliger Deliveroo à modifier l'algorithme pour que le « repos » des livreurs n'affecte pas leur classement et les inviter à proposer un accompagnement individuel pour les travailleurs précaires incluant un accès au logement, accès à l'apprentissage de la langue, des mesures favorisant l'insertion et/ou le développement personnel »[1].

CAS 4 Accident de la circulation : pour tous les auteurs d'accident routier ayant provoqué des dommages corporels irréversibles, ne pourrait-on pas imaginer – au lieu d'une peine d'amende ou d'emprisonnement avec sursis – une mesure de service citoyen dans un Ephad ou un lieu accueillant des accidentés pour offrir un service aux personnes, afin de prendre la mesure des conséquences dans la vie des personnes de leur inconduite routière tout en se restaurant « humainement ».

CAS 5 Environnement « les algues vertes » : la médiation peut être une voie très pertinente pour

[1] Sur des mesures de réparation en nature « sur mesure » dans des cas réels traités par le juge économique français ou européen, voir : N. FOURNIER DE CROUY (N.), DEFFAINS (B.), « La justice économique est-elle dissuasive ? », *in* Revue internationale de droit économique, n°3/2024, à paraître.

traiter les dommages écologiques causés par l'élevage ou l'agriculture, car d'une part, elle explore les relations de cause à effet (plutôt que les relations de responsabilité) et d'autre part, elle examine le problème de façon « holistique », globale afin d'identifier les bons leviers pour parvenir au résultat. Ainsi, dans l'affaire des algues vertes, la médiation permettrait d'appréhender toutes les causes économiques, sociales, environnementales, car c'est une affaire complexe qui met en jeu un secteur fragile, peu rentable, dépendant des aides de la Politique agricole commune (agriculteurs) face à des lobbies industriels puissants et très rentables (fabricants de pesticides). La solution d'une telle pollution ne doit pas être de prononcer des peines d'emprisonnement contre les responsables, mais de coconstruire une sortie de crise, de repenser l'agriculture bretonne dans son ensemble – en définissant le rôle de chaque acteur, en laissant le choix pour les agriculteurs d'opter pour des pratiques « responsables » et soucieuses de l'impact environnemental. Une approche systémique offrirait une voie pacificatrice et pragmatique pour résoudre des problèmes de pollution à l'échelle locale. *La voie judiciaire ouvrira sur un scandale et un bras de fer, là où la médiation pourrait faire triompher l'intelligence collective.*

De ce rapide inventaire de « mesures systémiques », nous pouvons faire plusieurs constats :

- La médiation vise à réparer les « êtres humains » et les systèmes humains

- La médiation peut résoudre les problèmes les plus complexes grâce à son approche holistique ou globale, qui permet de se saisir de toutes les questions, là où la justice étatique offre des réponses « spécialisées » limitées par la compétence d'attribution du juge saisi
- La médiation peut traiter les affaires les plus graves et provoquant des dommages sériels : CIASE pédophilie dans l'Église ; Gaccaca post génocide au Rwanda ; Commission Réconciliation et vérité après l'Arpatheid en Afrique du Sud, etc.
- La médiation peut réparer le lien social en réveillant les potentialités altruistes des médiés à travers des actions concrètes choisies par eux

Nul doute que les effets de la médiation peuvent être déployés dans tout type de contentieux ou conflit, du terrorisme aux grandes affaires économiques et financières, au sein même de la justice étatique. Une telle façon de rendre justice permettrait peut-être de saisir de nouvelles clés de compréhension, d'anticipation des risques liés à la vie en société, au profit d'une réhumanisation des êtres et des systèmes humains enfermés dans une rationalité non altruiste.

CONCLUSION

S'inscrivant dans une réflexion globale sur la mission de la justice humaine, cet essai compare l'action du juge et celle du médiateur pour mener à bien leurs missions de responsabilisation et de pacification d'un conflit, d'un drame, d'un scandale.

On y découvre que cette « action de paix » peut se faire au-delà du droit, à la lisière du droit et au carrefour d'autres sciences humaines, mais toujours dans le respect de l'ordre public.

Ainsi, la philosophie de la médiation invite le juriste à sublimer le droit et sa rigidité pour épouser la fragilité et l'élasticité de l'être humain.

À la différence de la justice étatique fondée sur le « jugement » et l'exercice d'un pouvoir sur les justiciables, la médiation est une justice non jugeante, horizontale, qui permet aux parties de co-construire leur avenir, dans le respect du droit et des droits de l'autre. Dépourvue de tout pouvoir coercitif, la médiation est une justice sans pouvoir ni sanction, qui n'ajoute donc aucune violence à celle des faits, mais non moins dotée d'une autorité morale forte capable de transformer les êtres et leurs conduites. Sans abandonner l'intelligence rationnelle, cette justice dépasse cependant les limites de la rationalité juridique et de la rhétorique, pour mobiliser une intelligence multiple à la fois du médiateur, mais aussi celles des personnes en conflit.

Humilité, humanité, approche globale et créativité permettent d'imaginer une infinité de mesures « restauratives » de la dignité des êtres et des systèmes humains, ajustées à chaque situation.

Elle autorise même à penser que l'auteur d'un acte répréhensible grave puisse aussi être victime de son système « défaillant », nécessitant aussi d'être « réparé » restauré dans sa dignité, au même titre que la victime du dommage subi. En cela, elle est fondamentalement innovante. Même si cela peut paraître difficile à concevoir pour certains faits désastreux.

Dans sa conférence intitulée « Amour[1] et Justice » Paul Ricœur décrivait des valeurs en opposition[2], la médiation montre pourtant qu'elles sont compatibles. Il y a en effet dans la médiation le germe d'une acceptation totale de l'humanité avec ses ténèbres et sa lumière qui pourrait insuffler à la Justice étatique l'idée que les toutes les parties d'un procès ont en elle les clés de leur propre paix et peuvent en devenir les principaux acteurs, quelle que soit la nature du litige, si le juge s'autorise à les faire « accoucher » tel un maïeuticien, en utilisant les « outils » du médiateur, tels que la communication non violente, l'écoute non jugeante, une intelligence multiple. *L'expression des*

[1] Au sens de *Âgapé* l'amour fraternel, universel.

[2] RICOEUR (P.), *Amour et justice*, Essais, Éditions Points, 2008.

émotions, des besoins, des valeurs, des capacités altruistes de chacun : tout cela peut être mobilisé pour construire une justice profondément humaine et humanisante.

On le comprend, c'est une justice qui requiert un savoir-être singulier de la part de celui qui la réalise, fruit d'une profonde connaissance de soi et de l'humain, à la manière d'un philosophe de l'action qui sait mobiliser la profondeur et la beauté de chaque âme humaine. Un tel savoir-être n'est pas inné, il s'apprend et se développe toute la vie durant, non loin d'un chemin spirituel qui recherche tant le souverain bien que le souffle de toute vie.

Puisse la justice étatique s'inspirer de cette autre forme de justice pour se réinventer : une justice qui ne jugerait et condamnerait qu'à titre d'exception[1] et non de principe. Une justice dans laquelle l'action de juger se substituerait à une action de transformation intérieure et de « co-création » d'un avenir libre.

Puissent tous les acteurs, penseurs, enseignants du droit et de la justice trouver dans cette comparaison de modes (cadre, moyens, effets) de justice (étatique et médiation), la philosophie, le souffle, des techniques inspirées de la recherche en psychologie et de quelques non-règles de cet art de rendre la justice qui sublime le droit et la raison.

---

[1] Pour les affaires relevant de la compétence des cours d'assises ou des cours criminelles départementales.

Dans la continuité des audiences de règlement amiable qui pénètrent désormais les palais de justice, puisse ce mouvement de transformation de la justice se poursuivre afin d'insuffler à la fonction de juger la philosophie de la médiation, tournée vers l'apaisement, la réparation et la transformation des justiciables.

Même dans les drames provoqués par des manquements intentionnels les plus graves, l'auteur jugé responsable doit pouvoir être invité à réfléchir à une action positive et transformative pour lui-même et la société, parallèlement au prononcé des sanctions classiques.

À la question posée en introduction de cet ouvrage « quelle est la mission de la justice ? », nous pourrions répondre que :

La mission de toute justice est de réparer les êtres et les systèmes humains. Comment ? En reliant les besoins et les capacités altruistes des uns et des autres.

BIBLIOGRAPHIE

Essais, manuels, ouvrages, thèses

BECCARIA, *Des délits et des peines*, préface de R. Badinter, Flammarion, 1991

BLOHORN-BRENNEUR (B.), *Sagesses du monde et médiation. Sources philosophiques*, L'Harmattan, 2022.

BLOHORN-BRENNEUR (B.), *Les sources spirituelles de la médiation*, L'Harmattan, 2022.

BOURBEAU (L.), *Les cinq* blessures *qui empêchent d'être soi-même*, Pocket, Éditions, ETC, 2000.

BOURBEAU (L.), *La guérison des cinq blessures*, Pocket, Éditions, ETC, 2021

CARBONNIER (J.), *Droit civil- Les biens, Les obligations*, vol. 2, PUF, Coll. Quadrige Manuel, 1ere éd., 2004

CHAINAIS (C.), FENOUILLET (D.), *Les sanctions en droit contemporain*, vol. 1, La sanction, entre technique et politique, Dalloz, Mission Droit et Justice, 2012

DAMASIO (A.), *Spinoza avait raison, Joie et tristesse, le cerveau des émotions*, Odile Jacob poches, Sciences, 2003.

DESCARTES (R.), *Discours de la méthode*, GF Flammarion, 2016.

DELAHOUSSE (M.), *Le prix de nos larmes*, l'Observatoire, 2022.

FASSIN (D.), *Punir : une passion contemporaine*, Essais, Éditions du Seuil, 2020

FIUTAK (T.), PLANÈS (G.), COLIN (Y.), Le médiateur dans l'arène : réflexion sur l'art de la médiation, Erès, 2011.

FONTAINE (Ph.), *La justice*, Ed. Ellipses poche, 2018
FOUCAULT (M.), *Surveiller et punir*, Gallimard, 1975
GARDNER (H.), *Les formes de l'intelligence*, Odile Jacob, Poches, Psychologie, 2022
GOLEMAN (D.), *L'intelligence émotionnelle. Intégrale*, Éditions J'ai lu, 2014
KAHN (A.), *L'éthique dans tous ses états, Dialogue avec Denis Lafay*, Éditions de l'aube, 2019
KAHNEMAN (D.), *Système 1. Système 2, Les deux vitesses de la pensée*, Flammarion, 2012.
KAHNEMAN (D.), SIBONY (O.), SUNSTEIN (CASS. R.), *Noise : pourquoi nous faisons des erreurs de jugement et comment les éviter*, Odile Jacob, 2021
KELSEN (H.), Théorie pure du droit, trad. Par Ch. Eisenmann, Dalloz, coll. « philosophie et droit », 1962.
LEFRANC (S.), *Comment sortir de la violence ? Enjeux et limites de la justice transitionnelle*, Paris, CNRS ÉDITIONS, 2022
LÉRAUD (I.), VAN HOVE (P.), MATHILDA, *Les algues vertes : l'histoire interdite*, Delcourt, 2019
MALAURIE, (Ph.), *L'ordre public et le contrat*, Thèse, Paris, 1953
MIDAL (F.), *Suis-je hypersensible ? Enquête sur un pouvoir méconnu*, Flammarion, 2021
MORINEAU (J.), *L'esprit de la médiation*, Érès, coll. Trajets, 2010
MORINEAU (J.), *La médiation humaniste : un autre regard sur l'avenir*, Érès, coll. Société Poche, 2016
ODIER (G.), *Carl Rogers. Être vraiment soi-même*, Eyrolles, 2012

PORTALIS, *Discours préliminaire au premier projet de code civil*, Coll. « Voix de la cité », Ed. Confluences, 1999
RICARD (M.), SINGER (T.), *Vers une société altruiste : Entretiens avec le Dalai-Lama*, Alary Editions, 2015
RICŒUR (P.), *Amour et justice*, Essais, Éditions Points, 2008.
RICŒUR (P.), *Le juste*, Éditions Esprit, Philosophie, 2001
RICŒUR (P.), *Le juste, la justice et son échec*, L'Herne, Carnets, 2015.
ROGERS (C.), *L'approche centrée sur la personne*, Ambre éditions 2018
ROSENBERG (M.B.), *Les mots sont des fenêtres (ou bien ce sont des murs)*, La découverte, 2016.
SALAS (D.), CARSTOIU (A.), *La justice*, Éditions Le Cavalier Bleu, coll. Les idées reçues, 2008
SERRA (D.), *Économie comportementale*, Economica 2017.

Articles

FOURNIER DE CROUY (N.), Intensification de la fonction normative de la responsabilité civile, Propos introductifs, *Lexbase revue de droit privé*, 11.06 2020, n°827
FOURNIER DE CROUY, « L'affaire du Mediator est une faute lucrative », *in Mélanges en l'honneur de Frédéric Stasiak*, Edulor, 2023.
FOURNIER DE CROUY (N.), DEFFAINS (B.), « La justice économique est-elle dissuasive ? », *in* Revue

internationale de droit économique, n°3/2024, à paraître.
GARAPON (A.), BELRHALI (H.), « Réparation des victimes de violences sexuelles dans l'Église : le laboratoire de la Commission Reconnaissance et Réparation », *Recueil Dalloz* 2023 p.654
LEFRANC (S.), « Réparer le terrorisme », *in* Justice ou réparation, Esprit, mars 2024, n°507, p.63-74
LEFRANC (S), WEILL (S.), « le procès V13 comme expérimentation judiciaire : entre justices pénale et transformative », Les cahiers de la justice, vol. 1, 2023, p.41-57.
KNETCH (J.), « La désintégration du préjudice moral », D. 2015, p.443.
TVERSKY (A.) & KAHNEMAN (D.), « Judgment Under Uncertainty : Heuristics and Biases », *Science*, 185 : 112-131 (1974)
JESTAZ (P.), « La sanction ou l'inconnue du droit », D. 1986, chr, p. 197-204

Autres

« Une écoute bipartiale » un entretien avec Jeanne Herry : émission C à vous / France 5 / 24/03/2023, en ligne.
Film « Je verrai toujours vos visages », réalisé par Jeanne Herry, 2023
https://www.ciase.fr/rapport-final/

Structures éditoriales du groupe L'Harmattan

L'Harmattan Italie
Via degli Artisti, 15
10124 Torino
harmattan.italia@gmail.com

L'Harmattan Hongrie
Kossuth l. u. 14-16.
1053 Budapest
harmattan@harmattan.hu

L'Harmattan Sénégal
10 VDN SICAP AMITIE 3
BP 45034 Dakar-Fann
direction@senharmattan.com

L'Harmattan Cameroun
Tsinga/Derrière polyclinique FECAFOOT
BP 11486 Yaoundé
Jacques.koukam@harmattan.fr

L'Harmattan Burkina Faso
Villa 281, secteur 23 623, rue 14.32
Ouagadougou
zagbie@outlook.fr

L'Harmattan Guinée
Almamya, rue KA 028 OKB Agency
BP 3470 Conakry
harmattanguinee@yahoo.fr

L'Harmattan RDC
185, avenue Nyangwe
Commune de Lingwala - Kinshasa
matangilamusadila@yahoo.fr

L'Harmattan Congo
219, avenue Nelson Mandela
BP 2874 Brazzaville
deunovmikhael@gmail.com

L'Harmattan Mali
Immeuble Mgr Jean Marie Cissé
Aci Hamadallaye
BP 145 Bamako
syllaka@yahoo.fr

L'Harmattan Togo
Djidjole - Maison Amela
face EPP BATOME
02 BP 20680 Lomé
didieramela11@gmail.com

L'Harmattan Côte d'Ivoire
Résidence Karl - Cité des Arts
Abidjan-Cocody
03 BP 1588 Abidjan
harmattan.ivoire@gmail.com

L'Harmattan Bénin
Rue 604, (Immeuble à l'entrée
de la rue UCAO- Cite de Saint-Jean)
Cotonou
stepcorpus@gmail.com

Nos librairies en France

Librairie internationale
16, rue des Écoles
75005 Paris
librairie.internationale@harmattan.fr
01 40 46 79 11
www.librairieharmattan.com

Librairie des savoirs
21, rue des Écoles
75005 Paris
librairie.sh@harmattan.fr
01 46 34 13 71
www.librairieharmattansh.com

www.ingramcontent.com/pod-product-compliance
Lightning Source LLC
LaVergne TN
LVHW010023081026
849535LV00016B/3110
* 9 7 8 2 3 3 6 5 1 3 0 4 1 *